„Facetten der Schuld" aus der Reihe „Mit Bibel überLeben" thematisiert in 14 Geschichten die unterschiedlichsten Dimensionen der Schuld.

Die Texte erzählen von gewöhnlichen Menschen in einer gewöhnlichen Kleinstadt – und sie erzählen von Schuld: Schuld und Unrecht sind selten eindeutig - sie haben Feinheiten und Zwischentöne, die oft verwirrend sein können; sie können objektiv gegeben sein oder subjektiv empfunden werden; sie können sich hinter Bürokratie und Organisation verstecken oder im Alltag verbergen.

Auch der Tod Jesu lag in der Verantwortung anderer: der damaligen Justiz, den Machtverhältnissen, einer Verschwörung oder einem Verrat und ebenso im Schweigen und Nichthandeln. Er hat die Schuld auf sich genommen. Hat das auch mit unserem täglichen Handeln zu tun? Ist es überhaupt möglich als Teil einer Gemeinschaft schuldlos zu sein? Was macht die Schuld mit dem Menschen und was bleibt von ihr?

Das Buch (mit Stichwortverzeichnis) wendet sich an alle Menschen, aber insbesondere an Multiplikatoren wie Lehrer, Pfarrer oder Referenten in der Erwachsenenbildung. Die Texte sind an die 14 Stationen des Kreuzwegs angelehnt (mit entsprechenden Bildern nur im E-Book) und so bietet sich die Verwendung von Auszügen auch in der Karwoche an.

Mit Bibel überLeben

Facetten der Schuld

Ein Kreuzweg

Andreas Sperling-Pieler

Bibliografische Information der Deutschen Nationalbibliothek:
Die Deutsche Nationalbibliothek verzeichnet diese Publikation in der
Deutschen Nationalbibliografie; detaillierte bibliografische Daten sind
im Internet über http://dnb.dnb.de abrufbar.

© 2022 Andreas Sperling-Pieler
Herstellung und Verlag: BoD – Books on Demand, Norderstedt
ISBN: 978-3-7526-4867-6

Noch einmal diese Augen auf uns,
voll Blut und Tränen,
ein letztes Mal.
Länger kann man ihn nicht behalten,
in Gottesnamen, es bleibt keine Wahl.
...
Man sieht die Menge brüllen,
und der Richter wäscht sich rein.

Paul Claudel, Der Kreuzweg

Vorbemerkung

Die 14 Geschichten spielen in einer ganz normale Kleinstadt - mit Gymnasium, Handwerkern und etwas Industrie, mit Frauen, Männern und Kinder. Die Menschen gehen ihrer Arbeit nach, in die Schule oder genießen ihr Leben (oder auch nicht). Sie könnte überall liegen und wir
alle kennen sie - irgendwie.
Aber wie immer gibt es im täglichen Miteinander auch
Schmerz und Leid. So manches davon bleibt im Verborge-
nen oder versteckt hinter Strukturen und Bürokratie.
Dann ist die Frage nach der Verantwortlichkeit und der
Schuld zuweilen sehr schwer.
Und genau darum geht es hier: um die Verantwortung,
um Schuld in den unterschiedlichsten Formen und um die
vielleicht wichtigste Frage: Was hat das mit mir zu tun?

1. Jesus wird zum Tode verurteilt

Täuschungsversuch

„Noch fünf Minuten, macht Schluss, jetzt kommt doch nur noch Mist" Grinsend geht Schöttler ein letztes Mal durch die Bankreihen. Eigentlich weiß er, dass es nervös macht – aber er will nach so vielen Jahren auf seine Gewohnheiten nicht verzichten.

Als er nach seinem letzten Rundgang wieder am Pult sitzt, besieht er sich das Zettelchen genauer, das er gerade zwischen Chiara und Mike aufgehoben hat. Er meint, Chiaras Handschrift zu erkennen – nein – eigentlich ist er sich sicher.

Sorgfältig legt er das Papierstückchen mit der Formel und dem grobskizzierten Rechenweg auf die Seite – nicht ohne eine gewisse Befriedigung über seinen Erfolg.

Inzwischen hat es geläutet. „Macht fertig, ich will einsammeln!" Er nimmt die Klassenarbeiten von den Tischen, während die Schüler ihre Taschen packen und nach und nach das Zimmer verlassen.

„Chiara, kommst du noch kurz zu mir?"
Sie hat ein ganz gutes Gefühl bei der Arbeit – eigentlich wie immer; Mathe ist ihr Ding und die letzte Arbeit vor dem Zeugnis ist für sie eigentlich nur eine Formsache; es geht darum, ob sie die „Eins" im Zeugnis bekommt.
Schöttler legt das Papierstückchen vor sie hin: „Ich dachte eigentlich, dass du das nicht nötig hast …"

Chiara sagt nichts. Ja, es stammt tatsächlich von ihr. Sie hat die Lösung einer Aufgabe kurz notiert und ihrem Banknachbarn Mike rüber geschoben, in der Hoffnung, dass er so eine weitere „Sechs" vermeiden kann.

Seit Monaten paukt sie mit Mike; mit ihr zusammen kann er die Aufgaben auch. Sobald er aber im Klassenzimmer ist, geht überhaupt nichts mehr. Besonders schlimm ist es, wenn Schöttler ihn an die Tafel holt und dort genüsslich verhungern lässt. Es ist ein Scheißspiel: Erst wird Mike vorgeführt, dann sie: „Na, kann unsere Rechenprinzessin vielleicht helfen?"

„Hast du das geschrieben? Es lag bei deinem Platz auf dem Boden!" Schöttler wird ungeduldig.
„Ja." Sie sagt nichts weiter; was soll sie auch sagen?

Der Lehrer schaut sie an. Er ist ratlos: Die Aufgaben hätte sie auch ohne jede Hilfe problemlos bewältigt, da ist er sicher. Trotzdem: Sie wurde mit einem Spicker erwischt und die Kameraden warten nun darauf, dass sie stolpert. Denn sie hat nicht nur Freunde in der Klasse.
Im Grunde hat er keine Wahl: Sie wurde erwischt und die Klasse will Blut sehen; sie warten darauf, dass sie fällt. Und wenn er nichts macht, dann ist er es, der in der Luft zerrissen wird.

„Das bedeutet, dass deine Arbeit mit ungenügend bewertet wird. Damit hat sich die Eins wohl erledigt; es tut mir leid."

Eigentlich tut es ihm nicht leid; es ist ihm egal und er will einfach keine Schwierigkeiten.

Im Gang wird Chiara mit hämischem Grinsen von der Klasse erwartet.

Die meisten halten sie für arrogant: die einen, weil sie bei ihr nicht landen konnten (tatsächlich hat sie jeden abblitzen lassen), andere können nicht verschmerzen, dass ein Mädchen in Mathe besser ist als sie, und die Mädels fürchten die Konkurrenz im Kampf vor dem Spiegel.

Wortlos lässt sie die anderen stehen. Sie muss mit Mike reden; sie will wissen, was passiert ist. Aber offensichtlich hat er ein schlechtes Gewissen, denn er ist nirgends zu finden.

Zu Hause in dem kleinen Zimmer, das sie sich mit ihrer Schwester teilt, findet sie die Unterlagen für das Stipendium. Sie nimmt sie und legt sie auf den Stapel mit Altpapier. Die 6 von heute mit der 1 und der 1,5 aus dem ersten Halbjahr ergeben eine 3; für die Begabtenförderung hätte sie mindestens eine 2 gebraucht, und den Eltern reicht das Geld jetzt schon nicht.

Als sie Mike am nächsten Tag anspricht, zuckt der nur mit den Schultern. „Muss mir wohl runtergefallen sein, irgendwann war er verschwunden, aber Danke", er grinst, „ich denke, für eine 4 wird's bei mir reichen."

„Mike ..." Sie schaut ihn an, traurig und auch wütend. „Dafür ist meine Note versaut - und meine Pläne ..."

„Egal, dann machst du halt was anderes und mit deiner Hilfe ich mein Abi."

2. Jesus nimmt das Kreuz auf seine Schultern

Palastrevolution

Die fünf Auszubildenden ahnen bereits, dass heute etwas passiert. Heute Morgen wurden sie durch die Hausmitteilung angewiesen, sich in der Lehrwerkstatt einzufinden. Sie würden über Weiteres benachrichtigt, so hieß es. Durch die Buschtrommel wissen sie, dass Obstbauer ins Büro beordert wurde.

Eigentlich ist keiner von ihnen mit der Ausbildung so recht zufrieden, aber als Obstbauer sie für sein „Ehrenamt" als Messner zum Teil samstags ins Gemeindehaus einbestellte (er nannte das dann „Sonderunterricht"), war das Maß voll: Statt Ausbildung oder wenigstens Berichtsheft schreiben, waren Putzen und Kleinreparaturen im Gemeindehaus und der Kirche angesagt. Der Ausbilder glänzte vor Abwesenheit und – wie üblich am Nachmittag – seine Nase vom Alkohol.
Unterstützung fanden sie keine. „Lest den Lehrvertrag genauer! Punkt 7: Nachhilfe und Sonderunterricht", war die ganze Antwort des Betriebsrates
Vor vier Wochen hatten sie sich dann bei Jochen im Keller getroffen; gemeinsam schrieben sie einen Brief an den Chef. Jochen hat ihn dann getippt und für sie alle unterschrieben.

Jetzt sitzen sie also an ihren Werkbänken und warten.
„Vielleicht bekommt Obstbauer einen auf den Deckel", meint einer. „Oder er wird freigestellt", vermutet ein anderer. „Das macht dann für uns auch keinen Unterschied – denn Ausbildung gab es bisher nicht", setzt ein Dritter

nach. „Oder es gibt eine Abmahnung.", „Ja, aber bitte für Obstbauer!", „Träum weiter, der wird doch gedeckt …", „Der Samstag wird vielleicht als Überstunden vergütet!?", „Wir bekommen einen anderen Ausbilder und Obstbauer fliegt!". Die Spekulationen gehen wild durcheinander.

Gegen zehn Uhr geht endlich die Türe auf und der Betriebsrat kommt rein. Von ihm erhoffen sie sich jetzt Klarheit, aber der Kollege zeigt nur auf Jochen: „Du bist in 20 Minuten mitsamt deinem Werkzeug im Büro!" Grinsend schaut er die anderen an. „Möchte ihn vielleicht jemand begleiten?"
Unter den erstarrten Blicken der kleinen Gruppe verschwindet Jochen in der Umkleide, murmelt etwas von „anderes Hemd anziehen".
„Willst wohl noch Eindruck schinden", aber das hört Jochen schon nicht mehr.

Jochen weiß genau, warum man ihn herausgefischt hat – oder glaubt es zu wissen: Er ist der Einzige, der noch in der Probezeit ist und er hat den Brief unterschrieben. Damals im Keller sahen sie da kein Problem, denn er unterschrieb ja ausdrücklich für alle. Allerdings war ihm eigentlich klar, dass er im Zweifelfall alleine dastehen würde.
„Natürlich haben sie Schiss", denkt er sich, „die meisten haben die Lehrstelle doch nur über Beziehungen gekriegt."

Auf seinem Weg sieht er die Augen an den Fenstern und meint fast das Tuscheln zu hören; der Betrieb ist klein und eine Palastrevolte spricht sich überall schnell herum. Die meisten wissen, dass Obstbauer säuft und dass seine größte Stärke hier im Betrieb sein Bierkonsum ist. Fachlich war er mal gut, aber das ist Jahrzehnte her und seitdem sind alle Neuerungen und Entwicklungen an ihm vorbei gegangen.

Jochen hat sich im Vorfeld bei seinem Vater und vor allem bei der Gewerkschaft Rat geholt. Obstbauer sei kein Unbekannter, sie kennen die Klagen, aber „uns sind die Hände gebunden; formal ist alles korrekt und der Betrieb ist einer der wenigen, die noch ausschließlich hier in der Region produzieren. Denk auch mal an die Arbeitsplätze!" Die Hände wollte sich dort keiner schmutzig machen.

Inzwischen wird das Werkzeug schwer und Jochen schaut sich in der Produktionshalle nach einem Rollwagen um.

„Mensch, sei nicht dumm, mach die Augen zu, schluck den Staub und küss die Stiefel", gibt ihm der Vorarbeiter mit auf den Weg. „Ich weiß, wie's bei Euch zugeht, aber lass mich raus; ich habe Frau und Kinder …"

„… und Schulden für den neuen Benz", denkt Jochen resigniert.

„Ja, alle wissen wie's mit dem Ausbilder bestellt ist – und machen die Augen zu." Der Personalchef, der mit seinem Vater befreundet ist, hat ihm einmal in einem „streng vertraulichen Vier-Augen-Gespräch" gesagt, dass der Chef den Obstbauer nie fallen lassen würde; und das liegt nicht nur daran, dass sie seit der Kindheit befreundet sind, sondern vor allem an dessen kirchlichen Kontakten. Bei entsprechenden Ausschreibungen hat die kleine Firma regelmäßig die Nase vorn. „Dafür könnt Ihr ruhig auch mal am Samstag im Gemeindehaus Glühbirnen wechseln. Junge! Augen zu und durch! Und Du weißt ja, dem Chef ist die Kirche sehr wichtig." Dann fügte er noch hinzu „und wenn Ihr fertig seid, bekommt Ihr übertariflich bezahlt!"

Inzwischen hat Jochen den Verwaltungstrakt beinahe erreicht; aber beruhigt hat er sich noch nicht. „Alle decken den Obstbauer und machen sich im Grunde mitschuldig an dessen Sauferei; er bekommt die Sicherheit, obwohl er einen Entzug bräuchte!" Jochen weiß, dass es niemandem hilft am Sonntag fromm die Hände zu falten, wenn das Notwendige nicht getan wird.

Wenn vom Büro die Rede ist, meint jeder zuerst einmal das Sekretariat vom Personalchef. „Du sollst zum Chef kommen", sagt die Sekretärin, „zum Big Boss", fügt sie etwas leiser hinzu. „Mensch du traust dich was; ich find gut, dass endlich mal jemand den Mund aufmacht ... ich sag's ja schon lange ... aber ich bin ja nur eine kleine Sekretärin."

Er klopft.
In dem geräumigen Zimmer sieht er neben dem Chef und Obstbauer auch den Betriebsrat und den Personalchef.

Der Chef legt ein Aktenbündel vor sich und bittet Jochen, doch näher zu treten. „Wir würden gerne Ihr Werkzeug kontrollieren."

Obstbauer tritt mit dem Betriebsrat an den Rollwagen. Der eine geht den Inhalt der Kiste durch, der andere macht entsprechende Notizen.

„Offensichtlich ist Ihre Werkzeugkiste vollständig – und was mich besonders freut – in hervorragendem Zustand. Das spricht doch eigentlich für die Qualität unserer Lehrwerkstatt." Der Chef nimmt Jochens Brief zur Hand. „Offensichtlich haben Sie ja doch etwas gelernt", fügt er süffisant hinzu.

„In Ihrem Brief monieren Sie die Qualität der Ausbildung; wir wollen Ihrer Zukunft aber nicht im Wege stehen und bieten ihnen deshalb einen Aufhebungsvertrag in beiderseitigem Einverständnis an; bis Ende der Probezeit würden wir die Vergütung weiter laufen lassen, wenn Sie dem sofortigen Vollzug zustimmen." Offensichtlich hat der Chef juristischen Rat eingeholt, denn er liest den Text jetzt ab. „Außerdem behalten wir uns juristische Schritte vor, sollte etwas von dieser Unterredung, von geschäftlichen Belangen oder", der Chef fixiert ihn „von egal wie gelagerten Inhalten der Ausbildung an die Öffentlichkeit geraten. Es handelt sich um betriebliche Interna und unterliegt der Geheimhaltung."

Jochen ist sprachlos, obschon der Vater so etwas für möglich hielt.

Wortlos nimmt er den Stift, der ihm gereicht wird, setzt seinen Namen unter das Dokument und steckt das Duplikat in die Jacke.

„Sie sprachen von sofortiger Wirkung ..." Jochen angelt das Duplikat der Kündigung wieder aus der Jackentasche mit dem Firmenemblem und legt diese fein säuberlich zusammengelegt auf die Werkzeugkiste.

Erst jetzt ist die Aufschrift seines T-Shirts richtig zusehen:

„Trinkfest und arbeitsscheu"

„Dann verabschiede ich mich hiermit."

Mit diesen Worten wendet er sich der Türe zu und man kann die Rückseite des Shirts lesen:

„... aber der Kirche treu!"

Zwischenbemerkung

Jochen lehnt sich ganz schön aus dem Fenster, aber letztlich kann er trotz der Provokation erhobenen Hauptes das Feld räumen (wenn auch ohne Erfolg).

Sein Wunsch nach Gerechtigkeit wird ihm vermutlich nicht nur Freunde im Leben verschaffen; andererseits kann es auch mal ganz gut sein, die Dinge klar beim Namen zu nennen.

3. Jesus fällt zum ersten Mal unter dem Kreuz

Fragmente einer Karriere

Sie wacht auf und hat rasende Kopfschmerzen. Wo sie ist, weiß sie nicht, auch nicht, was passiert ist.

Als sie an ihren Kopf greift, spürt sie einen dicken Verband und an ihrem Arm hängt ein Schlauch. Nach kurzer Zeit betritt eine Frau das Zimmer. Sie ist weiß gekleidet.

„Sie sind wach, das freut mich. Ich bräuchte Ihre Versichertenkarte."

„Versichertenkarte?"

„Oh, ich sehe, Sie sind noch überhaupt nicht ganz da", entschuldigt sich die Schwester, „wissen Sie, was passiert ist?"

„Ich weiß nicht einmal, wo ich bin …"

„Sie sind im städtischen Krankenhaus und ich bin Schwester Erika; tatsächlich kenne ich Sie schon, seit Sie ein kleines Mädchen waren und bei den Modeschauen Ihrer Eltern herumgesprungen sind."

„Modeschauen …?"

„Ja, Ihre Eltern haben doch das Modegeschäft – äh – aber wenigstens Ihre Adresse wüsste ich gerne!"

„Ja, äh, ich weiß nicht, nein"

„… einen Moment, ich hole den Arzt – ach und schauen Sie, hier ist auch ein Prospekt von dem Geschäft Ihrer Eltern – ach herrje, da sind ja auch Sie drauf"

Verwirrt greift Vanessa danach und betrachtet die Bilder mit den schönen Kleidern.

„Mode-Korz" steht da, das kommt ihr irgendwie bekannt vor; sie blättert in dem Prospekt weiter, bis zu der Seite, auf die die Schwester zeigte.

Sie starrt auf eine große Doppelseite mit junger attraktiver Mode, von ebensolchen Frauen vorgeführt. Ihr kommt das komisch vor; sie will sich doch nicht selbst vorführen … und alle starren einen an … trotzdem ist auch sie darauf zu sehen.

✪

„Was ist eigentlich passiert oder besser, woran erinnern Sie sich?" Sie sitzt dem Arzt gegenüber, zwischen sich den Schreibtisch.

„Ich weiß es nicht; da ist alles weg, ich weiß nur, was mir Schwester Erika über meine Eltern erzählte – was ist passiert – wie komme ich hierher?"

„Ein Spaziergänger hat Sie ohne Bewusstsein auf der Straße liegen sehen und hat den Rettungsdienst gerufen. Verzeihen Sie, aber Ihre Kleidung war nicht ganz korrekt; Sie hatten einen kurzen Rock an, wie man ihn am Strand überzieht und eine Bikinioberteil. Den Pullover hatten Sie fest an sich geklammert, als wollte man ihn stehlen … alles etwas seltsam … waren Sie vielleicht am See – aber es war doch später Abend …"

Der Arzt blätterte in seinen Unterlagen. „Wegen Ihrer Amnesie haben wir einige Untersuchungen vorgenommen – natürlich mit Einverständnis Ihrer Eltern. Es gibt keine neurologischen Auffälligkeiten."

„Meine Kleidung – was war da – warum laufe ich halbnackt durch die Stadt?" Vanessa ist sichtlich verunsichert
und verschränkt instinktiv die Arme vor der Brust.
Der Arzt spürt, dass er sich auf dünnem Eis bewegt. „Wir
haben vorsorglich noch weitere Tests gemacht: es fand
weder Vergewaltigung noch Geschlechtsverkehr statt.
Wir fanden überhaupt keine Spuren von Gewalt – außer
einer Verletzung am Fuß und der Platzwunde am Kopf;
beides stammt mit ziemlicher Sicherheit von Ihrem Sturz.
Übrigens – der Pullover hat Schlimmeres verhindert und
den Aufprall noch gebremst."
Der Arzt greift in seine Tasche nach dem piepsenden Telefon. „Ja, sofort … Sie bereiten alles vor … ich komme …"
und zu Vanessa gewandt, „entschuldigen Sie, ich muss zu
einem Notfall …"

✪

In Ihrem Krankenzimmer schaut sie nochmals den Prospekt an und versucht, sich zu erinnern.

Erika berichtete, dass sie quasi mit dem Laufsteg groß
wurde; schon als Kind turnte sie gerne darauf herum und
später führte sie die schicken Kleider vor.
„Einmal habe ich deinen Vater angesprochen", sie waren
inzwischen beim Du gelandet, „und er meinte, Dir mache
es Spaß und ihm würde es Geld sparen."

Langsam tauchen Erinnerungsfetzen auf. Die Kleider, die
Mode, von der sie bis heute fasziniert ist. Offensichtlich

stand sie gerne im Rampenlicht, genoss die Aufmerksamkeit.

Jedes Kleid, das sie auf dem Laufsteg trug, durfte sie behalten … weil … ja … weil meine Mutter es für mich auf Maß geändert hat – und ich habe den gleichen Beruf – ich bin Schneiderin!

Stück für Stück kommen die Erinnerungen zurück; langsam und in Fetzen, aber sie kommen.

Schwester Maria, eine Freundin aus der Schulzeit, blickt sie fragend an: „und Du hast jetzt Deine eigene Schneiderei? Das überrascht mich. Wie kam das denn?"

„Ich weiß nicht mehr genau … Ich glaube es ging um die Mode, die mich gereizt hat, weniger die langen Beine, die alle sehen wollten."

„Aber Du hast sie auch gerne gezeigt … da fällt mir die Abschlussfeier ein - erinnerst Du Dich noch? Wir wussten nicht, was wir anziehen sollten! Die schärfsten Kleider hattest ja alle Du schon mal vorgeführt! Und wir wollten doch etwas Eigenes!"

„Ich weiß vieles nicht mehr – aber warte mal – Du hattest doch ein ganz besonderes Kleid an?"

„Stimmt" Maria lacht, „mir blieb ja nichts anderes übrig, wir haben ja auch nicht unbedingt die gleiche Größe!"

„Hattest Du nicht auch einen besonderen Namen …?"

Ja, denkt sich Maria, Du sagtest immer „mein kleiner dicker Schatten". Das fanden dann alle lustig, nur ich konnte nicht richtig lachen.

Du hattest die gewagtesten Kleider und die raffiniertesten Tops, die längsten Beine und tiefsten Dekolletés – und dabei hättest Du noch im Trainingsanzug eine gute Figur gemacht.

Für der Abschlussfeier schneiderte dann meine Tante mir ein Kleid direkt auf den Leib – einmal wollte ich auch eine gute Figur machen und im Mittelpunkt stehen. Ich kann mich noch an die Blicke erinnern …

„Na, wie geht's Dir heute?" Vanessa lässt die Umarmung ihrer Eltern geschehen.

„Mühsam ernährt sich das Eichhörnchen. Die Erinnerung kommt, aber ich brauche Stichworte, Bilder, Geschichten – es ist nicht leicht!"

„Wir haben Dir ein Fotoalbum mitgebracht, um Dir auf die Sprünge zu helfen …"

In der Cafeteria betrachten sie die letzten Urlaubsbilder: Vanessa vor dem schicken Coupé bei der Abfahrt, Rick, der Blick vom Hotel auf den Strand, die Wahl der Miss-Bikini, der Ausflug in die Stadt …

Geduldig erzählen die Eltern, was sie von den Aufnahmen wissen und beantworten die vielen Fragen.

„Ich glaube, wir machen Schluss, Du siehst müde aus." Die Mutter lässt Vanessas Protest nicht gelten und klappt das

Album zu. „Wir lassen Dir das da, dann kannst Du noch etwas blättern."
„Wir kommen erst am Montag wieder; am Wochenende ist Modeschau", fügt der Vater noch hinzu.

✪

Vanessa blättert durch das Album und bleibt immer wieder an den Aufnahmen hängen. Sie erkennt niemanden auf den Bildern – nur sich selbst findet sie und den Mann, den die Eltern Rick nannten. Warum steht sie da bei seinem Coupé, was hat sie mit ihm zu tun? Ein Bild fesselt sie besonders: die Wahl der Miss-Bikini. Der Gedanke, dass sie sich derartig präsentierte, kommt ihr fremd vor.
Sie blättert weiter und kommt wieder zu dem Bild mit Rick; er sieht gut aus, aber irgendetwas stört sie.

Erschöpft von den vielen neuen Eindrücken schläft sie ein.

✪

Im Halbschlaf - sieht sie sich in dem Coupé sitzen, eine raue Gebirgslandschaft zieht an ihr vorbei. Die Bilder verschieben sich – werden von neuen Bildern überlagert – neue Eindrücke.

Sie sieht eine Runde, die Karten spielt; drei Leute pokern, auch Rick spielt mit – und sie selbst …
Wieder sieht sie sich im Coupé – aber diesmal sitzt da ein anderer am Steuer; es ist der dritte Pokerspieler.

Eine unerklärliche Unruhe erfasst sie. Ich muss mit der Grübelei Schluss machen, sagt sie sich. Vanessa steht auf, holt ein Glas Wasser und tritt ans Fenster.

„Ja? … Ach Mama Du bist es – gut dass Du anrufst …" Sie brauche noch eine Unterschrift, hört Vanessa ihre Mutter sagen.
„Und ich muss was wissen wegen der Bilder … ja in einer halben Stunde"

Der Anruf der Mutter kam zur rechten Zeit; zum einen hat er sie aus der Grübelei gerissen, zum andern kann sie fragen, was es mit Rick auf sich hat und dem Coupé und dem Pokern.

Vanessa kann sich nicht vorstellen, was das mit der Unterschrift soll; allerdings ist sie es gewohnt, dass ihre Mutter alles, was mit Büro, Akten und Verträgen zu tun hat, fest im Griff hat.

„Ich bin stinksauer – die Meier stellt sich an, es ist nicht zu glauben!" Frau Meier ist die Vermieterin und Vanessa kann sich nicht vorstellten, was ihre Mutter so aufgebracht hat.
„Sie hat die Kündigung nicht akzeptiert – sie sagt, alleine Du seist der Vertragspartner …"
Vanessa ist sprachlos. „Du hast meine Wohnung gekündigt?"

„Ich hab's versucht – wir haben Dein altes Mädchenzimmer auch schon wieder herrichten lassen …"

„Mama, ich werde meine Wohnung nicht kündigen", Vanessa wird laut, „ich bin 25 Jahre, habe einen eigenen Betrieb und kann über mein Leben selbst entscheiden."

„Das ist nicht schlimm – Papa kümmert sich um den Laden; wenigstens das – aus allem anderen hält er sich ja wie immer raus! Und gerade jetzt könnten wir dich dringend brauchen – es will ja niemand mehr auf den Laufsteg! Und bezahlen können wir nicht viel!"

„Mama, Du hörst nicht zu", Vanessa nimmt den vorgefertigten Brief, zerreißt ihn und wirft die Fetzen auf den Boden, „ich bleibe in meiner Wohnung – klar? Und den Laufsteg kannst Du vergessen", setzt sie aufgebracht hinzu.

„Du hast Recht, das ist alles etwas viel für Dich – wir sprechen später drüber – egal – ich muss dann wieder …"

„Halt, ich muss noch etwas wissen!" Vanessa bemüht sich um einen ruhigen Ton und zeigt auf ein Bild. „Wer ist das?"

„Aber das ist doch Rick, in seinem neuen Wagen, das Bild ist etwas unscharf."

„Wer **ist** Rick? Und was hat er mit mir zu tun?"

„Schätzchen, das ist Dein Freund und hoffentlich Dein zukünftiger Ehemann; Ihr wart zusammen im Urlaub." Die Mutter hat sich schon erhoben, „sicher kommt er bald vorbei."

„Sag mal, wie lange ist das jetzt her?" Sie zählen die Jahre, seit sie gemeinsam die Schule beendet hatten.

Sie sind zu viert, alle aus ihrer alten Klasse. Vanessa genießt die Leichtigkeit des Gesprächs.

„Erzählt mir etwas von Rick; das Verrückteste ist, dass gerade da meine Erinnerungen trotz aller Bemühungen verschüttet bleiben - ein saublödes Gefühl! Was hat er eigentlich beruflich gemacht?"

„Irgendwas mit Personalvermittlung – auf jeden Fall erfolgreich!"

„Wisst ihr, wo wir uns kennenlernten?"

„Keine Ahnung, vermutlich in einem dieser Edelschuppen, wo Du Dich oft rumgetrieben hast."

„Edelschuppen - meinst Du Discos oder so?"

„Auch, aber auch Cabarets und Nachtclubs und so. Du sagtest einmal, dass es Kunden Deiner Eltern seien – ich glaube Abendgarderobe und Kostüme – so in der Art!"

„Und dort hast Du auch Rick kennengelernt!"

„Eigentlich würde ich meinen Freund mal gerne hier kennenlernen", die anderen lachen, „weiß jemand, warum er nicht kommt?"

Die vier schauen sich gegenseitig an, unsicher, „er kann gerade nicht" und dann wird noch von „Polizei" und irgendwelchen „Unregelmäßigkeiten" gemurmelt. Genau Bescheid weiß offensichtlich keiner.

Inzwischen ist es Nachmittag. Eine junge Frau hatte sich nach Vanessas Befinden erkundigt.

Es war ein seltsamer Besuch. Vanessa ist verwirrt; sie kennt die Frau überhaupt nicht – aber sie sagt, sie seien sich begegnet – an dem Abend mit diesem seltsamen Sturz.

Es muss wohl stimmen, denn sie hat dasselbe über ihren Pullover und den Bikini gesagt wie der Arzt. Und noch eine Menge, was für Vanessa unverständlich war, voller Andeutungen, Unausgesprochenem und Dingen, die ihr völlig fremd klangen.

Vanessa entschließt sich, etwas zu schlafen; dieser Besuch und auch die alten Schulfreunde am Vormittag haben sie seltsam angestrengt.

Die junge Frau ist ziemlich verwirrt und ratlos. Eben kommt sie von dem Höflichkeitsbesuch bei Vanessa zurück; sie ist vermutlich die Letzte, die vor dem Unfall und dem Gedächtnisverlust mit Vanessa gesprochen hat.

Sie erinnert sich noch gut an den Abend. Es war in dem Mietshaus mal wieder ziemlich laut. Das war nicht ungewöhnlich; auch dass der Lärm aus der Dachwohnung von Jo kam, war sie schon gewohnt und dass dieser widerwärtige Rick auch da war, wunderte sie nun überhaupt nicht. Offensichtlich ging da oben mal wieder eine der berühmten Partys ab. Immer wieder schleppten die beiden Kumpels Mädels ab und dann ging's hoch her.

Nach einer Weile hörte sie Türenschlagen, laute Stimmen und Schritte im Treppenhaus; offensichtlich war jemand im Flur.

Im Treppenaus fand sie Vanessa, halbnackt, weinend, den Kopf an die Wand gelehnt.

Sie berührte die Frau vorsichtig an der Schulter und wollte eigentlich nur trösten, doch stattdessen fing Vanessa an zu schreien: „Fass mich nicht an – nimm deine Finger weg!", und ließ keinerlei Berührung zu – ihren Pullover fest an sich gedrückt.

„Dass diese dummen Zicken sich auch immer mit den Scheißtypen einlassen müssen", ging ihr in dem Augenblick durch den Kopf.

Schließlich ließ sie das hilflose Bündel im Flur einfach stehen mit der Hoffnung, dass der Gang bis zum nächsten Tag nicht vollgekotzt war.

Vanessa schläft unruhig.

Der Abend vor ihrem Sturz irrlichtert in ihrem Kopf – und das Gespräch mit der jungen Frau am Nachmittag – ohne dass sie Konkretes fassen kann:

Da ist der See – sie liegen auf Decken, zu dritt – Jo packt etwas zum Essen aus – Rick, Jo und sie trinken und lachen, es ist schön, so soll es bleiben

Sie sitzen auf der Terrasse - einer Dachterrasse, denn sie sieht auf die Hausdächer – sie trinken, alle drei trinken und sind ausgelassen – sie lachen viel

Jo holt Pokerkarten – sie wollen Karten spielen

Sie verliert – ist ja nur ein Spiel - sie hat ja kein Geld mehr
- soll den Pullover ausziehen – ausziehen – ausziehen -
ausziehen – ausziehen – ausziehen
Sie will nicht – nein NEIN **NEIN** - Hände greifen nach ihr –
Rick lacht – Jo lacht – fass mich nicht an
Finger weg – lass mich – fass mich nicht an

Ich will weg – ich muss weg

Maria kommt ins Krankenzimmer. Sie sieht, wie sich Vanessa unruhig hin und her wälzt. Sie spricht auch im Schlaf
und schreit; leider ist kein Wort zu verstehen.
Vanessa leidet - das erkennt Maria – der strahlenden Vanessa geht es nicht gut.
Ich musste auch leiden – murmelt Maria – auch ein kleiner, dicker Schatten kann leiden – auch, wenn er lacht –
auch, wenn alle lachen.

„Du hast schlecht geschlafen!"
„Ja, ich habe geträumt, wirres Zeug." Plötzlich richtet sich
Vanessa auf: „Du kennst doch den Rick ... kennst Du auch
den Jo, seinen Kumpel? Was ist mit denen – ich versteh
da gar nichts ... und keiner sagt richtig was ..."

Maria hält einen Moment inne, richtet sich auf und schaut
Vanessa direkt ins Gesicht. „Ja, ich kann Dir schon was sagen, aber schön ist's nicht!"

Maria stellt sich ans Fenster. „Rick sitzt im Gefängnis, es geht wohl vor allem um Menschenhandel. Dein charmanter Freund hat Mädels aus Osteuropa für die Puffs besorgt. Offensichtlich ein gutes Geschäft: er fährt einen tollen Wagen und kann es sich immerhin leisten, unser Nachwuchsmodell auszuführen. Und dass die nicht gerade bescheiden ist, das hat sich wohl schon rumgesprochen!"

Ohne ein weiteres Wort verlässt Maria das Zimmer und schließt die Tür hinter sich.

4. Jesus begegnet seiner Mutter

Das Tagebuch

Die Beerdigung ist vorbei. Es ist einfach vorbei – alles ist vorbei, die Eltern sind beide tot; sein Vater bei einem Unfall, letztes Jahr um diese Zeit, die Mutter gerade mal ein Jahr später – an Herzversagen, sagte der Arzt.
Er hält das Tagebuch seiner Mutter in den Händen. Beate - eine Freundin der Mutter - hatte es ihm gegeben.
Marc weiß nicht, ob er es lesen soll – er weiß überhaupt nichts mehr – er will auch nichts wissen. Trotzdem schlägt er es auf – es beginnt vor einem Jahr …

12. August
Rudi ist tot - drei Tage – ich habe keinen Gefährten mehr – Marc keinen Vater.

17. August
Wir wollten reisen; noch 10 Jahre, dann wollten wir nur noch Urlaub – mit 60 ist man noch nicht zu alt für die Welt.

19. August
Ein Kunde hat angerufen – er wollte den Termin überprüfen. Aber das Ein-Mann-Unternehmen ist endgültig Geschichte. Nur ich bin übrig – und eine Bürokraft ist keine Firma mehr.
Ich muss alles absagen.

31. August

Ich war auf der Bank und konnte kein Geld abheben: es gibt kein Testament und wir waren nicht verheiratet. Und jetzt?

5. September

Herr Müller, ein Anwalt aus der Nachbarschaft sagte, es sei alles so korrekt – wegen dem Testament.
Nur das Konto, wo mein Gehalt draufging ist meines. Rudi wollte es liegen lassen, für ein Wohnmobil. Jetzt bin ich froh, dass er damals so stur war.

6. September

Marc war für Rudi immer wie sein eigener Sohn. Er wollte Marc adoptieren und wir wollten heiraten; „Ja das machen wir", sagte er schon vor 15 Jahren ... jetzt ist es zu spät. Alles war ja wichtiger – vor allem sein Geschäft.
Marc ist ungeheuer gefasst. Ich könnte nur noch heulen.
Er meinte, wir sollen warten, wie sich die Erben verhalten; wir haben uns eigentlich immer als Teil der Familie gefühlt – das gibt mir Hoffnung.

13. September

Rudis Geschwister sind sich nicht einig, wie's weitergeht und wie das mit dem Erbe wird. Ich weiß es auch nicht

21. September

Uwe hat gestern angerufen. Offensichtlich fühlt er sich als der älteste Bruder für die Familie verantwortlich. Und er hat ganz klar gesagt: Du bist kein Teil der Familie und Rudi hatte keine Nachkommen.
Wie soll ich das Marc erklären?

28. September

Marc ist am Wohnung Suchen; die Zeit wird knapp und in zwei Wochen geht das Studium los.
Ich habe nicht mit ihm über das Telefongespräch mit Uwe gesprochen und ich will es auch nicht – es ist alles so absurd.

10. Oktober

Ich habe Marc zum Bahnhof gefahren; jetzt bin ich ganz alleine. Er meinte, ich solle mitkommen – für ein paar Tage – aber ich kann nicht. Es ist so viel zu tun und die Geschwister streiten noch immer.

15. Oktober

Noch keine Woche ist vergangen, seit Marc sein Studium begonnen hat – er fehlt mir, als Sohn, als Gesprächspartner, als Ratgeber, den ich jetzt umso dringender brauchen würde.

22. Oktober

Die Geschwister haben sich geeinigt – für's Erste: Der Betrieb wird abgewickelt, die Maschinen werden verkauft ... alles löst sich auf. Man nimmt mir auch noch das, was von meinen Mann übrig ist.

25. Oktober

Ich habe die Unterlagen durchgesehen; da ist noch ein Konto, von dem niemand etwas weiß: unsere schwarze Kasse. Und das wird auch so bleiben. Ich muss jetzt auch an uns denken – an mich und Marc.

26. Oktober

Einige offene Rechnungen habe ich angemahnt. Ich werde der Verwandtschaft nichts davon sagen.

2. November

Ich war am Grab. Er fehlt mir.

5. November

Die letzten Überweisungen und Abbuchungen sind vom Konto runter und ich stelle fest, dass das Geld bei weitem nicht so lange ausreichen wird, wie ich dachte.

9. November

Ich musste Marc Geld schicken. Auch er muss Miete zahlen und leben; Lara, seine Mitbewohnerin kann es nicht länger vorstrecken, und es ist mir peinlich. Ich kenne sie seit sie, mit Marc eingeschult wurde.

Ein Lichtblick ist, dass er mit der vollen Förderung rechnet.

16. November

Ich bin auch mit anderen Zahlungen im Rückstand: Wasser, Strom, Versicherungen. Es muss etwas geschehen.

22.November

Telefon und Internet habe ich gekündigt. Ich kann das auf Dauer nicht mehr bezahlen. Zu Marc werde ich sagen, dass ich das eh nicht kann und das Handy reicht.

25. November

Ich war auf dem Sozialamt: Ich solle eine kleinere Wohnung mieten. Als ich sagte, dass es eine Eigentumswohnung sei, die mir zur Hälfte gehört, erklärte man mir, ich müsse die Besitzverhältnisse klären und verkaufen. Vorher ginge gar nichts!!!!

...

Es geht um unsere Wohnung ... ich glaube, die haben keine Vorstellung, was es heißt seine eigene Geschichte – die gemeinsame Geschichte - zu verkaufen.

28. November

Ich weiß nicht, wie es weitergehen soll. Ich versuche, irgendwas zu retten und einen Überblick zu bekommen, aber im Augenblick schaffe ich es nicht einmal aufzustehen. Ich liege den ganzen Tag im Bett und muss mich sogar zwingen, etwas zu essen.

2. Dezember

Hier waren wir glücklich, Rudi, Marc und ich. Ich hab immer die Wohnung für Weihnachten dekoriert und alles geschmückt. Ich kann es noch gar nicht begreifen ... ich soll hier raus?

Ich kann nicht; wie kann ich meine Heimat verlassen und die letzte Verbindung zu Rudi und zu besseren Zeiten?

5. Dezember

Was kommt da auf uns zu? Ich fange erst jetzt an zu verstehen: Es wird das erste Weihnachten ohne Rudi ... Marc und ich alleine vor dem Tannenbaum? Und wer wird jetzt Rudis Eisenbahn aufbauen?

8. Dezember

Marta hat uns eingeladen; wir sollen beide für die Feiertage zu ihr kommen. Meine Schwester war schon immer ein eher lebenspraktischer Mensch. Wir sollen zu dritt feiern – wie früher.

Ich werde mit Marc sprechen und würde gerne hinfahren.

10. Dezember

Ich war im Tafelladen – trotz aller Scham, aber man hat mir nichts gegeben: ich brauche erst einen Ausweis vom Sozialamt.

12. Dezember

Ich verliere mehr und mehr die Übersicht über die Rechnungen – aber eigentlich egal; ich kann sie sowieso nicht zahlen, ich kann mir kaum etwas zum Essen kaufen.

13. Dezember

Marc findet es gut, zu Marta zu fahren. Er fand meine Schwester immer ganz okay. Wenigstens ein kleiner Lichtblick.

14.Dezember

Post ist gekommen: Das Auto wird zwangsstillgelegt. Ich habe die Versicherung nicht bezahlt.

19. Dezember

Immer mal wieder kommt Geld auf's Konto. Die Zahlungsmoral der Kunden scheint besser als erwartet.

22. Dezember

Morgen fahren wir zu Marta. Eigentlich will ich nicht, aber Marc hat sich so Mühe mit der Planung gegeben. Lara leiht ihm ihr Auto und er wird mich abholen.
Vor Weihnachten kann sowieso nichts gemacht werden.

2. Januar

Es ist gut, dass wir gefahren sind. Marta kommt nächste Woche und wir schauen alles mal an.

12. Januar

Ein kleiner Lichtblick: Ich habe mit Marta die Kontoauszüge der letzten 12 Monate durchgeschaut. Es ist erstaunlich, was da alles abgebucht wird: Hexenzunft, Rotes Kreuz, Versicherungen, Krankenversicherung, Berufshaftpflicht und ... und ... und ...
Wir haben alles Unnötige gekündigt und einiges vom Nötigen. Ich muss mir einen Job suchen. Dann habe ich nicht so viel Zeit zum Grübeln, und es kommt regelmäßiges Geld ins Haus.

15. Januar

Die Steuerrückzahlung kam genau richtig; allerdings wurde inzwischen auch die letzte offene Rechnung beglichen und von dieser Seite ist nichts mehr zu erwarten.

20. Januar

Gestern war Marc da. Das Studium läuft – da brauch ich mir keine Sorgen machen.
Wir haben zusammen die Zeitung durchgeschaut und überlegt, welche Arbeit ich mir vorstellen könnte. Ich fühl mich wie eine 17-jährige bei der Berufswahl – und Marc ist mein Vater.
Ich bin so stolz auf ihn: er hilft mir wirklich viel.

5. Februar

Beim Einkaufen habe ist ein Plakat gesehen: Aushilfe gesucht. Ohne groß nachzudenken, habe ich gleich eine Verkäuferin angesprochen. Der Filialleiter meinte, es würde soweit passen und ich soll morgen mit einer Bewerbung und den Unterlagen kommen.

10. Februar

Es sieht gut aus. Ich hab die Stelle im Supermarkt – auf Abruf, erstmal 10 Stunden in der Woche. Der Chef meinte, eine Halbtagsstelle mit festen Arbeitszeiten würde auch frei, aber wir werden sehen …

20. Februar

Die Arbeit ist ok, die Kolleginnen sind nett und es kommt wieder etwas Geld herein. Soll ich weiter suchen?

3. März

Man hat mir tatsächlich den Halbtagsjob angeboten. Ab 15. März bin ich wieder ganz korrekt krankenversichert.

22. März

Mein Leben bekommt wieder ein wenig Normalität und die regelmäßige Arbeit gibt mir etwas Rhythmus. Die Leute sind nett und die Frau, die für mich zuständig ist, lässt mir ziemlich Freiheit. Sie heißt Beate und ist etwa in meinem Alter.

28. März

Beate und ich haben uns recht schnell angefreundet. Auch sie ist Witwe und wie ich ziemlich auf sich alleine gestellt.

3. April

Beate hat mitbekommen, dass ich finanziell äußerst knapp bin. Sie hat mir eine Tasche mit abgelaufenen Lebensmitteln zugesteckt. Eigentlich ist es verboten, aber der Chef duldet es, wenn es nicht mehr verkauft werden kann.

12. April

Die Arbeit macht mir Spaß und ich kann wieder lachen. Finanziell fehlt mir noch der Überblick.

5. Mai

Marta war da und wir haben uns einen Überblick über meine Finanzen verschafft. Egal, wie ich es drehe, es reicht nicht und meine Reserven sind aufgebraucht.

11. Mai

Beate meinte, im Laden gibt es keine Chance auf eine Vollzeitstelle; eher werden noch drei Teilzeitkräfte eingestellt ... Sie fragte, ob ich bereit wäre zu putzen – da wird immer wieder gesucht und es hat den Vorteil, dass man mit der Arbeitszeit verhandeln kann.

13. Mai

Beate hat mir tatsächlich drei Adressen mitgebracht – und sie hat auch gesagt, welchen Lohn ich verlangen kann.

7. Juni

Es hat geklappt und seit letzter Woche putze ich bei Korz: der Vorteil ist, ich bekomme das Geld wöchentlich und bar.
Es sieht irgendwie nach Normalität aus und ich lebe wieder.

10. Juni

Gestern habe ich mit Marta telefoniert. Wenn sich nichts Entscheidendes ändert, könnte es finanziell hinkommen. Und ich komme tatsächlich einigermaßen über die Runden.

17. Juni

Am Wochenende war Marc da. Ich wollte in überraschen und ich glaube, es ist mir gelungen: Ich habe mit Beate zusammen ein richtiges Festmahl zubereitet. Er war baff. Ich habe nur Beate angeschaut und gesagt, das Ablaufdatum mache es möglich. Es war ein schöner Abend und wir haben viel gelacht

22. Juni

Wieder mal Post vom Rechtsanwalt: Die Erben bestehen auf der Auszahlung des kompletten Erbes; bis jetzt ist alles abgewickelt, außer der Wohnung!

Diese verdammte Wohnung; warum konnte Rudi nicht einfach ein Testament machen, so wie man es ihm geraten hatte – damals ... selbst der Notar hat es gesagt.

25. Juni

Ich habe es Beate erzählt; ich solle mich nicht aufregen ... sicher gäbe es Lösungen.
Vielleicht kann ich ja Miete an die Verwandtschaft zahlen.

26. Juni

Die Mietlösung stößt auf Ablehnung.
Ich habe Angst – was wird kommen ... Aber die Wohnung können sie mir eigentlich nicht so einfach nehmen – immerhin gehört sie zur Hälfte mir.

1. Juli

Marc hat sich angekündigt.

8. Juli

Marc wollte wissen, ob noch etwas vom Testament gekommen sei. Ich habe ihm nichts gesagt, er soll sich keine Sorgen machen.

17. Juli

Ich habe Angst; ich weiß nicht, ob Beate das richtig sieht mit dem Testament ... da stand doch auch etwas von einer Frist, einem Termin ... aber ich find den Brief nicht mehr. Warum kann ich Marta nicht erreichen ...

25. Juli

Soll ich Marc die Wahrheit sagen und ihn damit belasten? Eigentlich betrifft es ja vor allem mich ... ich brauche Zeit zum Nachdenken.

28. Juli

Gestern kam Post vom Amtsgericht: der Termin für die Zwangsversteigerung.
Ich sehe keine Lösung ... ich gehe nochmal zu Herrn Müller ...

29. Juli

Er sieht keine Möglichkeit. Vielleicht, wenn ich früher reagiert hätte ...
Und jetzt?

31. Juli

Schlimmer ist, dass ich Marc hintergangen habe. Ich habe ihm und mir etwas vorgespielt – aber es war alles Lüge.
Ich erreiche niemanden, Beate ist im Urlaub, Marta auch ... nächste Woche kommt Marc

1. August

Das Haus muss geräumt sein – sagt Uwe – wenn nicht wird's teuer ...

2. August

Ich kann nicht mehr – alles bricht zusammen. Es gibt keine Lösung.

3. August

Marc, verzeih mir!

Zwischenbemerkung

Marc wird mit dem Tod der Mutter konfrontiert, vermutlich wird es nicht seine letzte derartige Begegnung bleiben.

Aber trotz aller Schmerzen hat er wenigstens die Möglichkeit, sich mit dem Gewesenen auseinanderzusetzen: durch die (geschriebenen) Worte seiner Mutter hat er die Chance zu verstehen und zu verarbeiten. Das ist mehr, als manch' andere in Händen halten.

5. Simon von Cyrene hilft Jesus das Kreuz tragen

Autopanne

„Was ist denn da los!?" Mike sieht einige hundert Meter vor sich ein Fahrzeug auf dem Standstreifen stehen. Er ist mit dem Auto seines Vaters unterwegs zu einem Vorstellungsgespräch. Von seinem Freund Jochen hat er gehört, dass in der Maschinenbau-GmbH eine Lehrstelle frei wird. Der Ausbilder sei zwar etwas eigen, aber sie zahlen gut und das ist es, was zählt.

Als er näher kommt sieht er eine verzweifelte junge Frau. Sie hat wohl eine Panne.

„Scheiße", flucht Mike, „das hat gerade noch gefehlt."

Er zögerte einen Moment und überlegt. Durch seinen Kopf gehen unzählige Stimmen ...

An dieser Stelle wollen wir die Geschichte unterbrechen um etwas Ordnung in Mikes inneres Chaos zu bringen. Denn die Stimmen gehen wild durcheinander. Sie wiedersprechen sich, manche sind laut und andere kaum zu hören – aber alle sind sie gleichermaßen da und wollen zu Wort kommen.

Mike kann es nicht, aber wir haben die Chance, die Stimmen zu sortieren und in aller Ruhe nacheinander anzuschauen:

ICH BIN **EH'** *SCHON* zu SPÄT …

SOLLEN **doch** ANDERE *HELFEN*.

ICH HABE JETZT ABSOLUT KEINE **Lust**.

DAS HAT *MIR GERADE* NOCH *gefehlt*.

BEI `NER *AUTOPANNE*

MACHT MAN *sich* NUR *die* FINGER

SCHMUTZIG.

Nettes MÄDCHEN – *DA würde* **ICH** GERNE

HELFEN, *leider* HABE ICH *keine* ZEIT.

ICH **kann** nichts *DAFÜR*, DASS du **DIR**

so **EINE** *SCHROTTKISTE* kaufst.

MIR *ging's* AUCH SO, MIR **HALF** *keiner*.

Ich **HAB** *keine* Zeit.

WENN ICH **HALTE**, KOMME *ICH* ZU *SPÄT*.

DU BRAUCHST *AUCH* **MAL** *Hilfe!*

Es gibt auch noch Stimmen, die offensichtlich von anderen stammen, z.B.

<u>SEINE *Schwester:*</u> **Vergiss**
ALLES, ***ES*** GEHT *NUR* **UM** DEINE
STELLE.

<u>*der* AUSBILDER **OBSTBAUER**:</u>
BITTE **SEIEN** *SIE* PÜNKTLICH**.**

<u>SOZIALE NETZWERKE</u>: HILF *dir*
SELBST, DANN *hilft* **DIR** Gott.

<u>DIE *OMA*:</u> ... **WAS WÜRDEST** DU
DIR wünschen?

<u>DER *Opa*:</u> ***DER*** erzählt *nur vom*
Krieg UND **MEINT**, „*ES* **kommt** ALLES
anders".

<u>SEIN FREUND JOCHEN:</u> Pünktlichkeit **IST** *SEIN*
höchstes **GEBOT.**

seine MUTTER: *SCHAU* _DASS_ DU ordentlich UND _SAUBER_ **BIST.**

ein _**anderer**_ FREUND: *Jeder* IST *FÜR* sein eigenes *Leben* VERANTWORT-LICH.

DER LEHRER: *VON **DER** AUSBILDUNG HÄNGT DEINE* ZUKUNFT *AB.*

**SEINE** EHEMALIGE KLASSENKAMERADIN *CHIARA:* DU **BIST** ein **ABSOLUTER** *EGOIST.*

UND _ONKEL_ **FRANZ:** **FRAUEN** und **_Technik._**

Was wird Mike machen?
Wird er weiterfahren, oder anhalten? Wer trägt dann die
Verantwortung für sein Helfen oder sein Nicht-Helfen – er
oder jemand anderes? Und ist dieser – wer auch immer –
ganz und alleine schuldig oder verantwortlich? Oder ist er
(oder sie) es nur zum Teil? Wenn ja, zu zwanzig, dreißig
oder siebzig Prozent? Kann man überhaupt von Schuld re-
den und wer hat das Recht dazu?

Verstehen wir uns nicht falsch; ich möchte die Frage wirk-
lich stellen: Wie könnte Mike – mit diesen Voraussetzun-
gen – handeln und wer trägt dann die Verantwortung da-
für …

In meiner Geschichte fährt Mike übrigens vorbei. Eigentlich hat er kaum eine andere Wahl. Denn bis er sich klar
werden konnte, dass er natürlich halten müsse, war er
schon beinahe an der Fabrikhalle und es war deutlich zu
spät.

Zwischenbemerkung

Hoffentlich hatte Mike wenigstens Glück bei seiner Bewerbung, dann hat das Ganze wenigstens noch einen kleinen Sinn.

Vielleicht hat ja der Wagen hinter ihm schneller reagiert und konnte helfen. Vielleicht hat Mike aber auch ein schlechtes Gewissen und wird das nächste Mal schneller reagieren.

Es ist schön, dass es Alternativen gibt.

6. Veronika reicht Jesus das Schweißtuch

Die Flucht

„Bleib noch kurz …" Der Vater legte seinem Sohn die Hand auf den Arm, „ich glaube, Amon fühlt sich nicht wohl – er braucht was anderes – Menschen, mit denen er sprechen kann, die ihn verstehen, die fühlen, was er fühlt …" Jochen schaute seinen Vater an und wartete einen Moment, bis er hört, wie Amons Tür zu seinem Zimmer ins Schloss gefallen ist.

Amon war eben schlafen gegangen. „Gute Nacht", hatte er gesagt, einer seiner wenigen deutschen Sätze. Meist sprachen sie englisch miteinander – aus Rücksicht.

Nein, Amon fühlte sich nicht wohl.
Er vertrug allzu oft das Essen nicht – vor allem die Fülle – er verstand die Sprache nicht und vieles fehlte ihm: seine Mutter, seine Freunde, die Freiheit, vielleicht auch die Angst – und vor allem der Himmel. Er fand nicht mehr die Sterne seiner Heimat, er sehnte sich nach dem Geruch der Nacht und den Geräuschen der Wüste.
Er war wochenlang – Monate – unterwegs gewesen; zu Fuß, mit dem Auto, im Boot (fünf seiner Mitreisenden waren gestorben, davon zwei Freunde aus seinem Dorf; er kannte sie seit er ein Baby war). Und jetzt war er hier – bei Rechtsanwalt Müller. Er lebte und hatte alles, aber angekommen war er nicht und verloren hatte er noch mehr. Ja, er hatte ein Bett, erst bei Jochen im Zimmer. Hier konnte er noch – wenn er nachts wach lag - dem Atem eines Menschen nachspüren oder tagsüber zuschauen,

wie Jochen seine Bewerbungen schrieb, und er durfte träumen von dem, was er zurückgelassen hatte.

Später richteten sie ihm sogar ein eigenes Zimmer ein: Im unbenutzten Partykeller wurde ein Schrank für seine Sachen leergeräumt (das verstand er überhaupt nicht; zu Hause gab es nur den Beutel, den man wegen der Tiere – die er übrigens auch vermisste – an die Decke hängte), die Couch wurde zum Bett umfunktioniert und ein Schreibtischstuhl bereitgestellt. Der Stuhl war ein einziger Vorwurf: Er brauchte keinen Schreibtisch, um zu wissen, dass er nie schreiben gelernt hatte. Er war Christ, folglich ging er nicht einmal in die Koranschule.

Amon lag im Bett und fühlte sich wirklich schlecht. Er fühlte sich undankbar, weil er all das, was Müllers für ihn taten, nicht würdigen konnte. Vieles konnte er nicht einmal verstehen. Und noch viel schlimmer war das beständige Gefühl, sich anpassen zu müssen – oder zu wollen.

Nein, es war nicht so, dass Amon sich nicht anpassen konnte; er passte sich in der Wüste an Hitze und Kälte an, im Lager an den Ton und die Misshandlungen, auf dem Meer an Hunger, Durst und Tod.

Aber mit den Essenszeiten, mit Messer und Gabel oder der Uhrzeit hatte er erhebliche Schwierigkeiten. Und nicht nur damit. Vor allem verstand er nicht, was daran so wichtig sein könnte.

Tatsächlich fühlte er sich alleine, sehr allein, und wenn Jochen oder Herr Müller mit ihm über Asyl und Aufenthaltsgenehmigung sprachen (immer sprachen sie, er war zum Hören verurteilt), spürte er die Einsamkeit bis ins Mark.

Amon stand von der Couch auf, zog die Schuhe an und öffnete die Tür. Als er nichts hörte, nahm er seinen Wäschesack und einen Moment später war er wieder unterwegs.

7. Jesus fällt zum zweiten Mal unter dem Kreuz

Diebe

Amon hatte Arbeit gefunden.

Zuerst ging's ihm gar nicht gut, aber es war nicht so sehr das Heimweh. Er hatte Hunger und nachts war ihm kalt, weil er in alten Häusern oder unter Brücken schlafen musste. Seit er von seiner Pflegefamilie weg war, hatte er kein eigenes Zimmer und kein Bett mehr. Aber er hatte etwas anderes: Er spürte die Sehnsucht, und die Träume schmeckten wieder nach Heimat.

Inzwischen arbeitete er in der Schreinerei Oktai – naja, eigentlich war es eher eine Holzwerkstatt, fast, wie er es von früher kannte. Sie machten einfache Transportkisten für die Maschinenbaufirma im Nachbarort.

Eines Abends hatte ihn der Besitzer, Herr Oktai, erwischt, wie er zwischen den Holzstapeln herumschlich, auf der Suche nach einem trockenen Plätzchen für die Nacht.
„Du kannst hier schlafen – unter zwei Bedingungen: Du passt auf, dass hier niemand klaut und morgen früh kommst Du zu mir ins Büro." Herr Oktai war ein freundlicher Mann, mit einem untrüglichen Gespür für Menschen.
Wie versprochen, achtete Amon auf verdächtige Geräusche und erschien am nächsten Tag bei Oktai.
„Suchst Du Arbeit? Ich brauche dringend Leute!" Oktai schob ein belegtes Brot zu Amon hin.
„Tee?"

Nachmittags war schon alles perfekt. Oktai führte ihn zum Werkstattleiter und seine Aufgaben wurden ihm gezeigt: putzen, aufräumen, Handlangerdienste – auch mal Reparaturarbeiten („wenn Du's nicht kannst, sag's lieber gleich"). Schlafen durfte er in einer Ecke der Werkstatt und im Aufenthaltsraum gab's sogar eine Herdplatte, Dusche und WC.

„Wenn Du ein Auge auf das Gelände hast, gibt's was extra!" Herr Oktai nannte ihm seinen Stundenlohn. „Du hast keine Papiere, ich will keine Papiere – und wenn was ist, hat's dich nie gegeben – verstanden?"

Amon verstand nichts, nur dass er Arbeit hatte und sogar hier schlafen konnte, ohne verscheucht zu werden. Er fand, besser konnte es kaum kommen.

Amon machte die Arbeit Spaß und nachts hatte er ein Auge auf den Hof. Herr Oktai hatte ihm inzwischen auch eine starke Stablampe gegeben. Damit konnte er schon einige Male irgendwelche Gestalten aufscheuchen.

Mit den anderen Arbeitern verstand er sich immer besser; manchmal brachten sie ihm Essen mit, und einmal kochte er sogar etwas aus seiner Heimat für alle.

Er hatte eine gute Auffassungsgabe, und nach kurzer Zeit wurde er in der normalen Produktion eingesetzt.

Herr Oktai war mit seinem neuen Arbeiter hochzufrieden, waren doch in den letzten acht Wochen die Diebstähle deutlich zurückgegangen, und Amon erhielt tatsächlich den versprochenen höheren Lohn. Denn Oktai wusste genau, dass der Laden einen Sicherheitsdienst nicht tragen würde.

Das meiste Holz kam im Sommer weg, wenn Jugendliche Material für's Grillfeuer brauchten. Das war noch leicht zu verschmerzen und meist waren es auch nur Holzabfälle.

In dieser Nacht kam es aber anders!
Amon sah vier Gestalten auf dem Hof, die bereits die halbe Ladefläche eines Kleinlasters gefüllt hatten. Mit seiner Lampe und der Sirene (die er inzwischen bekommen hatte) machte er sich bemerkbar.
Doch es kam anders als sonst; zwei griffen ihn an und es kam zu einem Handgemenge. In der Zwischenzeit hatten die beiden anderen die Ladung gesichert und die Diebe suchten das Weite.
Noch benommen von dem Schlag auf den Kopf holte Amon sein Handy; „ Chef, Diebe … aber diesmal was Größeres …"
„Ja, ich komme … bei Dir alles okay?"
Amon wusste es nicht, er wusste nur, dass er heftig blutete.
Kurze Zeit später war Oktai an Ort und Stelle und rief auch sofort den Notarzt.

Eine Woche später besuchte ihn die Polizei im Krankenhaus.
„Dank der Autonummer, die Sie uns gegeben haben, konnten wir die Burschen dingfest machen. Es ist eine ganze Bande und die machen das auf Bestellung", lobten die Beamten Amon für seine geistesgegenwärtige Reaktion und der strahlte.
„Allerdings müssen wir Ihnen trotzdem mitteilen, dass Sie direkt nach der Verhandlung abgeschoben werden, es ist

schon alles vorbereitet ... darauf haben wir keinen Einfluss
– tut uns leid."

Zwischenbemerkung

Ja, das lief nicht gut für Amon. Aber seien wir nicht so negativ! Der Schreiner Oktai ist ja nicht der einzige Gewinner! Auch Amon hat profitiert: er lernte die Sprache, vermutlich auch soziale Gepflogenheiten, und sicher erwarb er bei der Arbeit einige handwerkliche Fähigkeiten.

Das sind Dinge, die ihm niemand nehmen kann – und ich kann mir vorstellen, dass Amon diese Fähigkeiten zu nutzen weiß – egal, wo er ist.

8. Jesus begegnet den weinenden Frauen

Gewalterfahrungen

Chiara steuerte ihren Wagen über die Kreuzung. Das Wetter war wie ihre Stimmung: voller dicker Tränen. Sie war auf dem Weg zu Vanessa, wo sie vorigen Monat ihre Schneiderlehre beendet hatte.

In der Werkstatt und in Vanessas Wohnung waren die beiden Frauen in den vergangenen drei Jahren so manchen Abend gesessen und hatten an einer Terminarbeit oder einem allzu fesselnden Projekt in dem kleinen Zwei-Frauen-Betrieb gearbeitet.

Ursprünglich wollte Chiara Mathe studieren, aber als es mit dem Stipendium nicht klappte, wandte sie sich ihrer zweiten Leidenschaft zu: der Schneiderei. Das hatte den Vater dann besänftigt („was muss ein Mädchen groß studieren") und die Mutter war auch zufrieden („da lernst du wenigstens was, wo du brauchen kannst").

Tatsächlich hatte sie aber nicht so schnell aufgegeben und noch einen Versuch bei der Maschinenbau-GmbH gemacht. Aber da gab's nur blöde Kommentare wegen der fehlenden Umkleideräume („sie kann sich ja mit den Jungs umziehen – dann kommt Stimmung auf", „Aber erst nach Dienstschluss: erst die Arbeit, dann das Vergnügen!"), auch von einem Dualen Studium wollten sie nichts wissen. So fiel letztlich die Entscheidung nicht schwer.

Vanessa saß in ihrer kleinen Drei-Zimmer-Wohnung und legte das Telefon zur Seite. Eben hatte ihre Freundin unter lautem Schluchzen ihren Besuch angekündigt.

Es war nicht so ungewöhnlich, dass Chiara bei ihr übernachten wollte; sie hatte im Grunde ein ständiges Bett bei ihr, das sie immer wieder während eines übermäßig umfangreichen Auftrags in Anspruch nahm. Es gab Zeiten, an denen die Nähmaschine beinahe rund um die Uhr lief.

Vanessa war mit ihrer Mitarbeiterin hochzufrieden. Nach dem Fiasko mit Rick hatte sie sich voll in ihre Schneiderei gestürzt und mit Chiara sogar ihren ersten Lehrling ausgebildet – obwohl die Eltern noch immer meinten, der Laden brauche einen **richtigen** Chef (wobei das „richtig" immer besonders pointiert gesprochen wurde). Aber jetzt, mit Chiara, war sie endlich in der Lage, auch größere Projekte anzugehen.

Sie schob die Gedanken zur Seite und öffnete der Freundin.

„Mensch, was ist denn los … komm rein … willst du einen Tee - oder lieber gleich etwas Stärkeres?" Vanessa verschwand in der Küche und kam nach einer Minute mit einer Kanne und zwei Bechern ins Wohnzimmer.

„Er hat mich rausgeschmissen – diesmal ist es endgültig; wir hatten einen riesigen Krach …" Chiara brach mitten im Satz ab.

Chiara hatte schon lange Streit mit dem Vater; er vermutete hinter den häufigen Übernachtungen bei Vanessa mehr, als es tatsächlich der Wirklichkeit entsprach; und als er mitbekommen hatte, dass sie auch einen Teil ihrer Kleider (tatsächlich war es nur etwas Wäsche und Wechselkleidung) dort deponiert hatte, war für ihn das Maß voll.

„'Ich will keine Lesbe hier im Haus', hat er geschrien – und noch was von ‚richtig durchficken' …" Wieder wird Chiara von Weinkrämpfen geschüttelt, „und meine Mutter hat, wie immer, gekuscht …"

Nach einer unruhigen Nacht:

Auf der Couch, bei einem Glas Wein, erzählte Vanessa am nächsten Abend das erste Mal von den Verletzungen mit Rick. „Damals kam es mir normal vor, wie er mich vorgeführt hat – wie eine Schaufensterpuppe; ich sollte sexy sein und er hat mich benutzt für seine Zwecke … wie ein Werkzeug …."

„Im Laden deiner Eltern war's ja auch nicht anders, auch da warst du die Schaufensterpuppe …", entgegnete Chiara. „Haben sie dich eigentlich mal gefragt, ob du das willst?"

Sie sprachen noch viel an dem Abend – über Rollenklischees, Männer- und Frauenberufe und Führungspositionen.

„Aber weißt du was?", Vanessa verteilte den Rest der Flasche auf die zwei Gläser, „das braucht uns nicht zu interessieren; hier bin ich Chefin und du Stellvertreterin … und morgen ist Wochenende, da gehen wir aus."

✪

Freitagabend:

Nach einem gemütlichen Essen in einem chinesischen Restaurant bummelten sie noch etwas durch die Stadt. Beide wollten noch nicht nach Hause
„Mal sehen, was der Abend noch zu bieten hat!", Vanessa war in dieser Hinsicht die Erfahrenere, „aber außer dem Nachtclub und ein paar Kaschemmen haben wir hier nichts!"
„Gut, machen wir – in der Reihenfolge!" Chiara war ziemlich aufgekratzt. „Weißt du eigentlich, dass ich noch nie im Club war?"

Chiara fand die Atmosphäre spontan ganz angenehm: Dass es hauptsächlich Männer waren, die sich hier aufhielten, war nicht weiter verwunderlich – aber es gab immerhin mehr Frauen als in der Kneipe an der Ecke. Einzig die Bikinischönheit, die im Hintergrund am Klavier klimperte, irritierte sie etwas. Ansonsten war das Publikum – sagen wir mal – beinahe vornehm zurückhaltend.
Sie folgte ihrer Freundin an die Theke, wo Vanessa vom Barkeeper begrüßt wurde. Dieser stellte zwei Getränke vor die Frauen: „Ein stiller Verehrer", und wendete sich wieder den anderen Gästen zu.
Vanessa unterhielt sich zwischenzeitlich mit einem weiteren Gast; seine Frau war Kundin bei ihr und auch für ihn hatte sie auch schon etwas ändern müssen. Chiara dagegen war mit Sehen vollauf beschäftigt; manche Gesichter

kamen ihr durchaus bekannt vor – aber in einer Kleinstadt war das wohl nicht verwunderlich.

Sie war in eine Welt eingetaucht, die sie so gar nicht kannte: die Einrichtung, die raffinierte Beleuchtung und das Publikum. Im Hintergrund wurde noch immer dezente Livemusik gespielt, aber die Tanzfläche war leer.

„Na, überrascht oder enttäuscht?" Vanessa wandte sich der Freundin zu.

„Eigentlich kommt mir das hier fast bürgerlich vor – wenn sich die Klaviernixe was anziehen würde", antwortete Chiara und nippte an ihrem neuen Drink.

„Und sparsam! Bis jetzt wurde alles spendiert – von einem Verehrer. Du weißt, was das bedeutet?" Vanessa wendete sich dem Barmann zu und wechselte leise einige Worte mit ihm.

Irgendwann verschwand Chiara auf die Toilette. Als sie zurückkam, war sie sichtlich verärgert. „Da war so'n blöder Typ - der hat mich derartig blöd angebaggert – zum Glück kam der Barmann gerade vorbei …"

„Das war unser Verehrer – und beim Barmann brauchst du dich nicht besonders bedanken; der hat dem Ganzen zugeschaut und hat im Übrigen mit den Getränken ja auch gerne mitgespielt!"

„Aber letztlich hat er mir geholfen."

„Ja, weil Aufsehen schlecht fürs Geschäft ist – lass uns gehen, ich habe hier kein gutes Gefühl mehr."

Auf dem Weg zur Garderobe hoffte Chiaras Kavalier auf eine weitere Chance. Vanessa musste erst laut werden und Chiara überdeutlich …

„Na, war wohl nix mit bürgerlich – oder vielleicht gerade", Vanessa steuerte mit ihrer Freundin auf die gut beleuchtete Einkaufsstraße zu. „Ich denke, jetzt haben wir ihn los."

Sie waren schon auf der Höhe der kleinen Eckkneipe, kurz vor der Wohnung, als aus der Gruppe der Raucher ein Pfiff kam: Erst ein Pfiff, dann Gelächter, dann Tuscheln und größeres Gelächter … bis alle zu ihnen hinschauten. Sie waren beide so etwas gewohnt („das ist doch nur ein Kompliment", meinte mal einer), aber dadurch war es für sie nicht weniger schamlos.
Für heute hatten sie endgültig genug.

„Kaffee?"
Schon auf dem Weg in die Küche hörten sie Gepolter und lautes Geschrei aus der Wohnung unter ihnen. „Da unten geht's wieder hoch her!"
„Ja, die Frau hat's auch nicht leicht …"
„Kennst du ihren Mann?" Vanessa wurde unruhig, denn inzwischen hörte sie auch die weinenden Kinder. Es schien aus dem Treppenhaus zu kommen. „Es ist dein Verehrer aus dem Club!"
In dem Augenblick klingelte es. Vor der Tür stand eine Frau mit einer üblen Platzwunde an der Stirn und den beiden Kindern, die sich verängstigt hinter ihr versteckten.
„ Susanne … kommt rein – alle drei …"

✪

Am nächsten Morgen machte Vanessa erst einmal Kaffee, während Chiara in der Zwischenzeit leise die Jalousien öffnete. Sie wollten die Zeit noch nutzen und sich über die Gespräche der Nacht, die sich aus der Situation ergaben klar werden, so lange die drei noch schliefen.

Vanessa hatte die Kinder kurzerhand in ihr eigenes Bett gesteckt. Die beiden Mädchen kannten die Wohnung und auch Vanessas Bett.
Stunden später legte sich Susanne erschöpft zu ihren Kindern. Vanessa schlief auf der Couch, so hatte sie es selbst entschieden, denn ihr Bett war das einzige, das für Mutter und die Kinder Platz bot.

„Es war also nicht das erste Mal, dass er sie schlug?"
„Nein, aber das erste Mal, dass er an die Kinder ging …",
„… sie im Grunde als Waffe benutzte", warf Chiara ein und nahm ein Blatt zur Hand. Sie war klares, systematisches Arbeiten gewohnt und wollte erst mal die Fakten festhalten:

- Susanne wird geschlagen;
- die Kinder sind unmittelbar betroffen;
- der Vater weigert sich, die Wohnung der Mutter zu überlassen;
- Susanne wird ihren Mann nicht anzeigen;
- Susanne sieht sich ihrem Mann gegenüber völlig ausgeliefert;

Chiara legte den Stift zur Seite. Das war im Grunde das ganze Ergebnis des nächtlichen Gesprächs. „Und jetzt?"

„Sie können gerne hierbleiben, aber es ist zu eng; das funktioniert vielleicht ein, zwei Wochen, aber länger …"
„Sehe ich auch so!", Chiara nahm den Stift und ergänzte ihre Liste:

- in spätestens 1-2 Wochen muss bzgl. der Wohnung eine andere Lösung gefunden werden;

„Du bist gnadenlos; erst mal brauchen sie Ruhe!"
„Du hast Recht!" Chiara bedeckte ihr Gesicht mit beiden Händen.

Später, beim gemeinsamen Frühstück, kamen sie einer Lösung nicht näher; vor den Kindern wollten sie nicht reden, und mit Susanne alleine gab es kaum Möglichkeiten. Schließlich beschlossen sie, zu viert ins Wildgehege zu fahren. So hatte Chiara Zeit, einige Telefonate zu führen.

Am Sonntagabend waren sie tatsächlich einen kleinen Schritt weiter. Mike, ein ehemaliger Klassenkamerad von Chiara (mit dem sie noch eine offene Rechnung hatte), konnte die Ferienwohnung der Eltern vermitteln – zu einem Sonderpreis! Außerdem hatten sie mit Lara, einer Freundin, Kontakt aufgenommen. Lara studierte in der gut eine Stunde entfernten Universitätsstadt und engagierte sich in einem Frauenzentrum.

Eine Woche später saßen sie - inzwischen zu fünft - wieder am Küchentisch, vor sich die Liste. Sie hatte sich erweitert:

- der Vater lauert Susanne auf;
- Susanne und die Kinder müssen geschützt werden;
- die Ferienwohnung ist keine Dauerlösung;
- die Kinder brauchen auch weiterhin ihre gewohnte Umgebung;
- Susanne scheut sich noch immer vor rechtlichen Schritten;
- WIR BRAUCHEN EIN FRAUENHAUS!

Das letzte hatte Lara geschrieben. „Was haltet ihr davon?"
„Du hast die Erfahrung, Vanessa die Kontakte und Mike wird uns unterstützen", Chiara wandte sich Mike zu „das bist du mir schuldig!"

Zwei Wochen später hatten sie gemeinsam den kompletten Gemeinderat abgeklappert, dazu den Pfarrer, die örtliche Industrie (da gab's nicht so viel), das Handwerk, den Einzelhandel und ein paar Familien. Es ging in erster Linie um Unterstützung für die Idee und um Sponsoring.
Der Gemeinderat war eher gemischt eingestellt; entweder offen oder sie gaben zu verstehen, dass „unsere Stadt das nicht braucht"! Der Einzelhandel bot im Grunde dasselbe Bild. Aber der Pfarrer konnte tatsächlich dem Chef der Maschinenbau-GmbH eine leerstehende Werkstatt

mit Wohnung abschwatzen. Örtliche Handwerker erklärten sich bereit, beim Umbau mitzuhelfen und einige Frauen wollten sich in die laufende Arbeit einbringen.

Der einzige Haken war noch die Finanzierung: Für das Gebäude wurde eine Bürgschaft der Stadt zur Bedingung gemacht. Die Miete war zwar recht günstig, aber auch die laufenden Kosten waren noch offen. Da war man allerdings zuversichtlich, mit den zugesagten Spenden die erste Zeit überbrücken zu können.

„Die Hilfsanträge brauchen ihre Zeit, aber das Konzept passt, da seh' ich kein Problem." Lara hatte sich weitgehend in die Thematik eingearbeitet; sie hatte auch vor, über das Projekt eine Studienarbeit zu schreiben.

„Die Bürgschaft können wir vergessen, der Bürgermeister ist ein Kegelbruder meines Mannes", meldete Susanne aus dem Hintergrund. Sie hatte mit ihrer Mutter wegen der Kinder telefoniert.

„Vielleicht sollten wir ihn persönlich fragen", Mike grinste, „so was wie der Marsch auf Rom!"

„Wenn wir ein Dutzend Frauen mobilisieren könnten, dazu ein paar Gemeinderäte ..." Lara schaute mit kämpferischer Miene in die Runde, „... und dazu noch die Presse ..." setzte Vanessa hinzu.

Am Mittwoch der folgenden Woche war es dann tatsächlich soweit! Mike hatte sich einen Termin beim Bürgermeister geben lassen, ein Lokalreporter war benachrichtigt und insgesamt 25 Personen mobilisiert. Man entschied, dass Lara das Gespräch führen solle, da sie die meiste Erfahrung mit Frauenhäusern mitbrachte.

Der Bürgermeister sah schon vom Fenster, wie sich die Gruppe in Richtung Ratshaustreppe in Bewegung setzte. Auf der Treppe kam er ihnen sichtlich aufgebracht entgegen. „Ich habe einen Termin mit einer Person, nicht mit einer Horde hysterischer Weiber!"
„Dann reden Sie mit mir", Lara trat einen Schritt vor, „und zwar hier!"
„Weder hier noch mit Ihnen – wer sind Sie überhaupt? Verlassen Sie das Rathaus!"
„Ich denke nicht, dass das funktioniert!", Lara trat einen weiteren Schritt auf den Bürgermeister zu, die Gruppe hingegen schien sich mehr und mehr aufzulösen. „Ich gehe erst, wenn ich mit Ihnen gesprochen habe, gerne auch vor der Presse ..."
In dem Augenblick ging die Türe auf und zwei Polizisten kamen herein. Die Sekretärin hatte sie gerufen.
„Diese Frau weigert sich, trotz Hausverbot das Gebäude zu verlassen!" Aufgebracht setzte der Rathauschef noch ein „Hausfriedensbruch" und „Widerstand" hinzu.

Auf dem Rathausplatz wurde Lara zum Dienstfahrzeug gebracht. Dort wurde sie von einem der Beamten (auch er übrigens Stammgast im Club) intensiv auf Waffen untersuchte und, weil sie sich dagegen wehrte, mit Handschellen abgeführt.
Inzwischen waren die meisten anderen und auch der Pressevertreter verschwunden.

Chiara, Vanessa und Susanne standen betroffen am Brunnen.
Alle drei weinten.

Zwischenbemerkung

Wir dürfen uns vorstellen, dass sie ihr Frauenhaus noch gegründet haben. Vielleicht hatten sie im Nachbarort Glück - oder der Pfarrer, gemeinsam mit dem Chef der Maschinenbau-GmbH, haben interveniert – oder der Gemeinderat hat das Thema auf die Tagesordnung gesetzt. Aber mit Sicherheit dürften wir annehmen, dass Susanne Hilfe erfahren hat, und das nicht nur von Lara und Chiara.

Wir wissen es nicht so genau. Aber das Leben lehrt uns, dass oft Leid und Glück nah beieinander liegen – und darin liegt die Hoffnung.

9. Jesus fällt zum dritten Mal unter dem Kreuz

Schuldfrage

„Willst du nicht doch zum Arzt?"
Nach über 40 Ehejahren spürt Brigitte, dass etwas nicht stimmt. Sie sorgt sich um ihren Walter, denn sie ist jetzt beinahe ständig auf den Rollstuhl angewiesen, und er ist es, der ihre Pflege übernimmt. Er war es auch, der den Umzug in den behindertengerechten Neubau organisiert und vorangetrieben hat.
Heute aber fehlt ihr seine Tatkraft, denn nach einer unruhigen Nacht lief's heute Morgen nicht rund. Unruhig und nervös, wie er war, nahmen ihm selbst alltägliche Verrichtungen die Luft zum Atmen.
Erschöpft lässt Walter sein Marmeladenbrot sinken. „Irgendetwas stimmt nicht", wieder greift er sich an die Brust und reibt seinen Arm, „ich ruf besser gleich im Krankenhaus an; vielleicht können die etwas sagen …"

Statt Walters Stimme hört Brigitte aus dem Wohnzimmer ein Rumpeln, wie wenn etwas Schweres auf den Boden fällt. „Was machst du denn? Die Nummer hängt doch am Brett – ganz oben …"

Walter liegt reglos am Boden. So findet ihn Brigitte kurze Zeit später im Wohnzimmer.
Brigitte erfasst Panik. „Walter, was ist … ?"
Sie beugt sich zu ihrem Mann hinunter, aber der regt sich nicht. Nur noch sein schwerer Atem ist zu hören.
„Ein Arzt – ich muss anrufen …" Sie versucht, von ihrem Rollstuhl das Telefon zu erreichen, das ist aber unter den Schrank gerutscht. Nach einigen erfolglosen Versuchen,

es mit dem Fuß zu erreichen, gibt sie auf. Ihre Gedanken überschlagen sich jetzt: Wen kann ich rufen, wer kann helfen, was kann ich tun? ..., die Nachbarwohnung ist noch nicht bezogen; die schwergängige Aufzugtüre muss erst noch in Ordnung gebracht werden – das hat Kruse auch schon zugesagt. Verzweifelt sucht Brigitte nach einem anderen Weg, mit irgendjemandem in Kontakt zu kommen, jemanden, den sie um Hilfe bitten könnte.

Hektisch bewegt sie ihren Rollstuhl durch die kleine Wohnung. Das Fenster fällt ihr ein. Die Fenster gehen auf den Garten hinaus, vielleicht sieht sie dort jemanden - aber der Garten ist noch gar nicht angelegt und folglich leer. Auch von der Baustelle des gegenüberliegenden Hauses kann sie keine Hilfe erwarten; am sonntagfrüh ist da niemand.

Im Wohnzimmer fällt ihr das Handy ein. Sie holt es aus der Schublade. Das Handy – dass sie da nicht gleich drandachte. Hektisch drückt sie auf den Tasten herum, aber es tut sich nichts; jetzt bereut sie, dass sie nicht besser aufgepasst hat, als ihr Neffe Mike es ihr erklärte.

Mit einem Mal wird sie von ihrer eigenen Hilflosigkeit eingeholt. Sie ist hier mitten in der Stadt, beinahe isoliert und von der Außenwelt abgeschlossen.

Resigniert versucht sie nochmals, an das Telefon zu gelangen. Mit einem Besenstil angelt sie unter dem Schrank. Nach mehreren erfolglosen Versuchen meint sie es jetzt tatsächlich erreichen zu können – vielleicht wenn sie sich richtig streckt.

Sie beugt sich über die Lehne und kann es schon mit den Fingerspitzen berühren. Noch ein Zentimeter ... sie lehnt sich noch etwas weiter nach vorn.

Als sie plötzlich auf dem Boden liegt, wundert sie sich nicht wirklich - eigentlich hat sie schon halb damit gerechnet. Wenigstens komm ich jetzt an das Telefon – denkt sie sich ... alles andere ist ihr gerade ziemlich egal.

Kruse steht mit den Beamten vor der Tür. Er hat die Polizei gerufen, weil er sich Sorgen machte und auch jetzt reagiert niemand auf das Läuten. „Seit einer Woche hört man nichts mehr von den beiden!"
„Als Hausmeister haben Sie doch sicher einen Schlüssel!"

Man findet sie auf dem Boden nebeneinander liegend; Brigitte neben Walter, als wollten sie nur kurz ausruhen: Sie hat den Arm um ihren Mann gelegt und Walters Gesicht ist ihr zugewandt. Ruhig und zufrieden scheinen sie dazuliegen; neben ihnen das Telefon - es ist beim Sturz kaputtgegangen.

Im Polizeibericht wird notiert: Das Ehepaar wurde tot im Wohnzimmer gefunden; als Todesursache wird bei beiden Herzversagen festgestellt. Der Tod des Ehemannes liegt vermutlich einige Stunden vor dem der Ehefrau.

10. Jesus wird seiner Kleider beraubt

Kälte

Tagesanzeiger

Ein etwa dreißigjähriger Mann versuchte, sich gestern auf dem Gelände der Kleiderverwertungsgesellschaft mbH unbefugt Zugang zum Materiallager zu verschaffen. Da weiter kein Schaden entstanden war, verzichtete der Firmenbesitzer auf eine Anzeige und die Beamten beließen es bei der Klarstellung der Besitzverhältnisse, eines Platzverweises und einer Ermahnung.

Auf Anfrage des Tagesanzeigers teilte die Geschäftsleitung mit, dass es sich bei dem Lager um wertvolle Rohstoffe handle, die zu Industrietextilien weiterverarbeitet würden.

Gemeindeinformation

Aus aktuellem Anlass weist die Stadtverwaltung darauf hin, dass an der Straße abgestellter Sperrmüll und auch Altkleider kein Allgemeinbesitz darstellt, sondern direkt in den Besitz der sammelnden Organisation übergeht. Das bedeutet, dass das unbefugte Entwenden aus diesen Sammlungen Diebstahl im strafrechtlichen Sinne ist. Die Behörde wurde angewiesen, Verstöße zur Anzeige zu bringen.

Tagesanzeiger (eine Woche später)

Wie erst heute bekannt wurde, haben Waldarbeiter letzte Woche die Leiche eines etwa dreißigjährigen Mannes im

Stadtwald gefunden. Der Wohnsitzlose hielt sich nach Augenzeugenberichten schon längere Zeit in der Gegend auf und wurde laut der zuständigen Polizeibehörde immer wieder im Zusammenhang mit kleineren Eigentumsdelikten ermahnt.

Der Tote wollte sich offensichtlich an einer Futterkrippe vor der Kälte schützen. Ein Fremdverschulden ist auszuschließen; als Todesursache wurde Tod durch Erfrieren genannt.

Zwischenbemerkung

Ja, das ist unglaublich, aber leider nicht unwahrscheinlich – vielleicht etwas überspitzt.

Denn es gibt sie zur Genüge, solche Beispiele: Essensreste, die weggeworfen werden müssen; zurückgeschickte Ware des Versandhändlers, die vernichtet wird; abgelaufene Lebensmittel, die in den Müll kommen; oder die Obsternte, die auf den Bäumen (oder besser gesagt darunter) verfault, weil mit der eingekauften Großmarktware mehr und leichter Gewinn erzielt werden kann.

Aber es gibt auch das andere: Händler, die der Tafel Lebensmittel zur Verfügung stellen; Kantinen, die am Tagesende Bedürftige versorgen; Menschen, die ihre Kleider lieber zur Kleiderkammer bringen – auch wenn der Container einfacher wäre. Und es gibt noch viele andere Beispiele für kreative Hilfe und Unterstützung.

Ja, auch das gibt es.

11. Jesus wird an das Kreuz genagelt

Nadelstiche[1]

Es hatte bereits geläutet. Müller zwo schließt die Tür des Klassenzimmers auf. Die Schüler des BVJ tröpfeln langsam herein.

Sie sprechen noch miteinander – denkt Müller zwo – kein Schubsen oder Schreien. Die Stimmung scheint bis jetzt o.k. zu sein.
Eigentlich ist es witzig, wie sie versuchen mich zu ignorieren. Eigentlich ignorieren sie mich nicht wirklich; ich bin einfach nicht da, existiere nicht in ihrer Welt – wenigstens gegenwärtig.
Es scheinen die meisten da zu sein. Das ist gut, d.h. keine Verzögerungen oder Diskussionen. Kevin fehlt – auch o.k. – super-o.k.

„Ich denke, wir sind beinahe komplett, setzt Euch doch bitte."
„Haben wir jetzt Reli?"
„Du Arschloch, bist Du blöd!"
„Schnauze."
„Du Drecksack, red´ nicht so mit mir!"
„Wie soll ich sonst mit Dir reden? - Arsch ..."
„Leute – alles o.k. Wir haben Religion, und der Stundenplan hat sich heute nicht geändert. Morgen können noch

---

[1] „Nadelstiche" besteht aus leicht veränderten Auszüge aus: A.Sperling-Pieler, Briefe an die Enkel, „Neues von Müller zwo", S. 199 ff.

Verschiebungen kommen – aber das sagen wir Euch noch ...“

„Siehst Du, ich wusste, es gibt Vertretungen ...“

„Ja, lall weiter ...“

„Könnt Ihr Euch jetzt mal wieder beruhigen? Mit dem Stundenplan ist alles in Ordnung.“ Müller zwo versucht zu schlichten.

„Man darf sich doch wohl noch unterhalten!“

„Nee; die wollen uns dumm und still ...“

„Dumm biste ja schon – musste nur noch still sein!“

Mein Gott, diese sinnlosen Gespräche gehen mir so auf die Nerven. Ihr regt Euch auf, weil ihr Vertretungspläne nicht lest. Würdet ihr die Hälfte eurer Energie, die ihr in Handys und diverse Player steckt, in normale Kulturtechniken investieren, schafften die meisten den Hauptschulabschluss, auch die fünf oder sechs, die nicht einmal die 9.Klasse besucht haben. Kevin hat nicht einmal die 7. zu Ende gemacht. Eigentlich ist er eine arme Sau. Aber ich kann da nichts dafür. Und das gibt ihm kein Recht, die Klasse zu zerstören. Vielleicht würden's die anderen packen – sie sind nicht bösartig. Aber den Kevin zu chassen, da fehlt den Herren der Mumm. Die gehen ja auch nicht ins BVJ. Ja, ja, vor 20 Jahren da haben wir ... - Gewäsch.

Vor 20 Jahren haben meine Schülerinnen im Unterricht gestrickt – wenn man sie gelassen hat. Heute wär'n wir froh, sie täten's.

„Halt doch endlich mal die Schnauze: jetzt's Reli, den Rest kriegen wir später noch, hat Müller zwo gesagt ...“

Lautes Poltern an der Tür beendet die Diskussion.

Scheiße; Kevin! Muss das sein? Mensch kannst Du nicht zum Kuckuck gehen!?!

„Herr Müller, es hat geklopft; wollen Sie nicht aufmachen?"
„Das's Kevin, jetzt wird's lustig!"
Einige in den hinteren Bänken, die bisher überhaupt nichts sagten, scheinen buchstäblich auf ihren Stühlen zu schrumpfen.
Die Tür fliegt auf – knallt gegen die Wand.
„Ich hab' geklopft, warum macht mir kein Schwein auf?"
Kevin schaut dem Lehrer direkt ins Gesicht.

Reg dich nicht auf – er will keine Antwort, er braucht sein Podium.
Zehn Minuten sind schon rum, zehn Minuten lass ich sie früher raus, 20 Minuten muss ich überleben.

Kevin geht durchs Klassenzimmer, kickt einen Stuhl zur Seite, der ihm nicht im Weg steht.

Das mit dem Stuhl ist typisch. Sicher ärgert er sich, weil er einen Umweg für seine kleine Einlage machen muss. Ich sag nix. Was soll ich auch?! Für einen Rauswurf war's zu wenig. Und außerdem, wenn ich das mache, hab' ich die Randale perfekt.
Und ein Rauswurf stört ihn nicht. Selbst Schulausschluss kennt er zur Genüge. Eigentlich kennt er nix anderes. Selbst die (illegale) Beendigung der allgemeinbildenden Schule vor Abschluss der siebten Klasse (der siebten

Klasse!) hat er genommen wie einen Orden. „Langzeit-praktikum zur Vorbereitung auf das Berufsleben" nennen die das. Dass ich nicht lache. Er hatte kein Praktikum, hat keines gesucht, es hat ihm keiner geholfen dabei – und es hat keinen gestört. Und gefragt hat auch keiner. Langzeit-praktikum zur Vorbereitung auf das Berufsleben – klar, wenn Körperverletzung, Diebstahl, Autoaufbrüche und Hehlerei ein Beruf sind.

Im Jugendknast war er, die Zeit hat er abgerissen – sonst könnte man ihm damit drohen; – drohen? Quatsch! Ju-gendknast ist besser als Zuhause: regelmäßiges Essen, Hobbyraum, ein eigenes Zimmer, Jugendliche, die seine Kragenweite sind und er braucht nicht draufschlagen, um sich zu beweisen und hat auch nichts zu befürchten. Na ja, wenig. Klar im Knast funktioniert's; da geht's ja nach den Regeln, die er schon prima drauf hat: oben und unten; stark und schwach.

Außerdem ist Jugendknast für die Typen wie'ne Auszeich-nung..

Zwischenzeitlich hat Kevin einen Mitschüler am Kopf ge-stupst, einen anderen an den Haaren gezogen. Von einem dritten hat er sich die Colaflasche geschnappt.

„Aber trink nicht alles!"

„Nee' die anderen kriegen auch noch!"

Kevin findet es total lustig und nimmt einen großen Schluck. Plötzlich verzieht er das Gesicht, reißt das Fens-ter auf und spuckt einen Mundvoll Cola direkt aus dem Fenster: „Das Zeug ist ja warm wie Pisse!"

„Weißte, die Bar hatte schon geschlossen!"

Das ist alles so vorhersehbar.
Ich hasse dieses Sozialgeknutsche: Weg mit dem Typ –
wenn ihr mich fragt – und Steine klopfen.
15 Leute bleiben auf der Strecke, vermutlich wegen ihm.
Die meisten anderen kuschen vor ihm oder sind Mitläufer.
Vielleicht ist er einer der Intelligenteren.

„Herr Müller, wann fangen wir an?"
„Okay, ich geb' Euch mal ein Arbeitsblatt. Ihr kennt das
schon – versucht mal, den Lückentext zu lösen und anschließend das Rätsel."
Müller zwo gibt jedem Schüler ein Blatt und die meisten
fangen ziemlich schnell an.
Kevin will kein Blatt. „So'n Scheiß mach ich nicht, da
kannste Dir den Arsch abputzen. Außerdem ist das hier
wichtiger. Morgen schreib'n wir Mathe und Maik blickt's
absolut nich."

Kevin erstaunt mich immer wieder. Maik, eher ruhig, un-
auffällig und freundlich – wenn Kevin nicht da ist. Wenn
er da ist, steht er in Kevins Schatten – oder besser gesagt:
verschwindet hinter ihm.
Maik hat immerhin acht Hauptschuljahre, fast hochgebil-
det, aber Mathe ist nicht sein Ding.
Und was macht Kevin? Er gibt ihm Nachhilfe.
Soll ich mich jetzt geehrt fühlen oder ärgern, dass das in
meinem Unterricht passiert?! Egal! Die Hauptsache, es
bleibt ruhig.
Und wenn Maik ein bisschen was kapiert, war meine
Stunde nicht völlig sinnlos.
Und Kevin hat seine gute Tat für heute.

Aber Mathe kann er wirklich, das macht er gern. Warum klappt das mit den anderen Sachen nicht? Der Depp.

Müller zwo geht durch die Klasse, die jetzt zum Teil konzentriert arbeitet, manche machen das Arbeitsblatt zu zweit, andere begnügen sich mit Abschreiben.
Wie immer, malen einige liebevoll und akkurat die Bildchen aus, die er extra in die Arbeitsblätter einfügt.

Kinder sind das! Obszöne Sprüche und aufgebrochene Autos, Platzwunden nach Schlägereien und null Bock. Aber dann malen sie Bilder aus – als würden sie ihre verlorene Kindheit nachholen. Daheim wird wahrscheinlich nur auf Tapeten gemalt. Daheim – was heißt das denn? Die Hälfte lebt bei Mutter oder Vater nach der Scheidung. Einige werden hin- und hergeschoben – wissen nicht mal, welche Adresse sie gerade angeben sollen: Vater, Mutter, Oma - es wechselt ständig. Einer ist aus dem Heim und einer ist gerade rausgeflogen. Schläft, wo er unterkommt. Letzte Woche ist er von der Polizei aufgegriffen worden. Die brachten ihn zur Mutter. Die Polizei kennt natürlich die Adresse; wenn der Jugendpolizist in die Schule kommt, begrüßt er alle mit Handschlag und Namen.
Naja – bei der Mutter hat er's ne halbe Stunde ausgehalten, danach hat ihn der Lebensgefährte rausgesetzt.
Natürlich hab ich Mitleid – aber auch mit mir! **Ich** *muss die unterrichten!*
Wer hat die Kindheit meiner Jungs und Mädels gestohlen?

Die Schüler kommen teilweise nach vorn – zeigen stolz ihr Ergebnis.

Ja, ich soll sie loben – mach' ich. Obwohl sie gerade so die Arbeitsmoral eines Zweitklässlers zeigten. Und über einen Stempel „Das ist super" würden sie sich freuen wie ... na eben wie Kinder. Bis Kevin kommt. Kevin ist nur cool (komisch, außer in Mathe und seiner Schrift: das eine ist brillant, das andere ziemlich gut). Er ist eben cool und laut und unverschämt und kriminell – und gibt Maik Nachhilfe, der eigentlich auf ihn wie'n Weichei wirken muss.
Oh, du dummes Kind. Du bist 17 Jahre, nächstes Jahr wird es ernst. Das ist deine letzte Chance.
Als ich das einmal sagte, hat er gelacht und gesagt „Vergessen Sie's; Lehrer sind Loser – ich bin schon Autos gefahren, da muss man Ihren Twingo festschnallen, sonst rutscht er im Kofferraum rum ..."

„Okay Leute, das war's, bis nächste Woche!"

Das Arbeitsblatt hätte besprochen werden müssen – aber überleben ist alles. Und wenn ich versuche, Ergebnisse zu sammeln, mach' ich das Wenige kaputt, was ich erreicht habe.
Was habe ich eigentlich erreicht? Ich hab' überlebt, das ist schon 'ne ganze Menge. Und Kevin hat Maik Mathe erklärt. Es gab keine groben Beschimpfungen und keine Beschwerden von außen. Und außer einem Schluck Cola flog nichts aus dem Fenster. Das kann ich nicht von jeder Stunde behauptet.
Ich werde bescheiden.

Müller zwo schließt die Tür hinter sich ab.

Seit die Heizung und der Stuhl rausflog – in hohem Bogen zum Fenster raus – bleibt abgeschlossen. Die Idioten haben das Ganze noch gefilmt und ins Internet gestellt. So konnten wir die Täter eindeutig greifen. Internet kapieren sie. Aber wie man „Computer" schreibt – keine Ahnung.
Eigentlich gibt's bei denen nur zwei Typen: die einen könnten, wollen aber nicht – Schulverweigerer, blockieren den Unterricht – die anderen können nicht – sind einfach zu blöd – sie können wirklich nicht, viele nicht einmal lesen, keinen richtigen Satz schreiben. Die wollen aber. Vergiss es, das bisschen, was wir denen beibringen könnten, wird von den anderen zerstört.
Scheiße.
Klar, ich könnte mal ordentlich auf den Tisch hauen, rumschreien, Angst machen; dann ist Ruhe. Das ist die Sprache, die sie kennen - von zu Hause, von der Straße und manche aus dem Knast. Aber das Ergebnis ändert sich dann überhaupt nicht, außer, dass ich mich dann selbst zum Kotzen fände.

Müller zwo läuft den Gang in Richtung Lehrerzimmer. Fröhliches Gelächter dringt durch die halb geschlossene Türe.

Mein Gott - nur das nicht. Ich will keine gute Miene machen, ich kann das jetzt nicht ertragen. Ich will meine Ruhe und – verdammt – kein Mitleid.
Was passiert denn mit den Kindern – wer hat versagt? Das sind doch auch wir.

Ich will jetzt irgendetwas Vernünftiges tun, was sinnvoller ist als Reli im BVJ - vielleicht Konfetti zählen oder so.

Ich kann's nicht mehr hören: die Umstände, Verantwortung liegt woanders, Teufelskreis des Elends. Im Augenblick sind wir die Umstände, wenigstens zum Teil – ich, in den letzten Minuten.
Was passiert da, dass ich keinen Fuß in die Tür krieg, dass ich ihn verurteile (klar ihn – Kevin – wen sonst), während ich innerlich seine desolate Situation und seine Stärken analysiere. Analysieren, klar, das klappt, aber das geht im Kopf. Der Bauch sagt etwas anderes. Da ist Wut und Zorn und Machtlosigkeit. Zorn und Wut - mit Recht! Die anderen gehen drauf, während einer an seiner Zukunft schraubt (die schon für zwei Wochen im Jugendknast begonnen hat).
Und auch der Bauch hat recht.

[...]

„Hallo, träumst Du?"
Müller zwo steht vor dem stellvertretenden Schulleiter und schaut ihn entgeistert an.

Es gibt Dinge, die dürfen nicht sein – was habe ich in der BVJ gesagt? Den Stundenplan für morgen sagen wir Euch noch, die Krankheitsvertretung. Warum nicht meine Krankheitsvertretung?! Ich glaub' das nicht ...

„Ich sehe, Du weißt, was jetzt kommt!" Der Stellvertreter zeigt auf den Notizzettel.

Das ist der Plan der BVJ für morgen. Gehst Du in der dritten Stunde rein - dafür fällt Dir die GWS4 weg."

Super, klar, er macht seinen Job. Ich mach' meinen Job. 45 Minuten sind immer gleich lang. Bla bla bla.

„Zeig einen Film oder irgendwas – Du schaffst das schon."

Ich glaub das nicht – das halt ich nicht aus. Morgen früh schreiben sie Mathe – anschließend kriegen sie Deutsch zurück. - - Das gibt die Hölle, da lassen die die Sau raus, wo's nur geht. Und in Reli geht's, das brauchen sie nicht, zählt nicht, interessiert nicht.
Ich will schlafen, einfach nur schlafen und nicht mehr aufwachen.
Was soll ich mich vorbereiten?
Es ist so sinnlos.

Zu Hause macht sich Müller zwo einen großen Espresso mit noch größerem Grappa. Dazu eine gute Zigarette.

Nein, ich bereite nichts vor. Die vierte Klasse fällt weg, der Rest steht und BVJ lohnt sich nicht.

Müller zwo trinkt noch einen Grappa – diesmal ohne Espresso – und legt sich hin.

Nur zehn Minuten schlafen – etwas zur Ruhe kommen.
Wenn es nur einen Trick gäbe, ein Mittel; etwas, womit man sie packen könnte.

Später am Abend ...

Alles dreht sich, es hört nicht auf, wird immer schneller.
Kevin gibt grinsend immer neuen Schwung, der Kreisel
wird immer schneller.
Ich muss da raus, weg von hier, Schluss, Aus, Amen, Ende.
Ich steh' auf und stelle fest, dass ich nur den Schlafanzug
anhabe, alle lachen, die ganze Klasse – es ist das Klassen-
zimmer der BVJ. Die Wände schwanken.
Ich will was anziehen – dass die ganze Klasse grölt, stört
mich nicht, es verletzt. Die Störung ist vorbei, es bleibt nur
der Schmerz und die Angst. Kevin wirft mir ein Kleidungs-
stück nach dem anderen zu und mit jedem Stück habe ich
weniger an, bis ich nackt dastehe.
Die Tür! Sie geht nicht auf. Bewegt sich nicht – ich bin ein-
geschlossen. Ich rüttle an der Tür ohne jegliche Wirkung.
Irgendwann merke ich, dass die Wände verschwunden
sind und die Schüler; nur Kevin sitzt am Pult.
Ich will weg, versuche, um die Tür herumzugehen, aber
mit jedem Schritt versinke ich in weicherem Boden; er ver-
schluckt mich wie Morast, ich sinke immer tiefer bis zu den
Knien, dem Bauch ...

Später ...

Ich kann nicht mehr, ich will nicht mehr. Es muss ein Ende
haben.
Schlimmer als die BVJ (unglaublich, dass es noch schlim-
mer geht!!) sind die Träume.

...

Um die Zeit vor Unterrichtsbeginn streunt Kevin immer durch die Kellerräume – wahrscheinlich auf der Suche nach Verwertbarem.
Wo ist der Strick?
Keinen Tag mach ich das mehr mit.
Du wirst büßen; mit mir machst du das nicht mehr.
...
Da, jetzt kommt er.
Schnell die Schlinge.

...

...

Drei Monate später konnte Kevin in die offene Abteilung der Psychiatrie verlegt werden. Er hatte sich nie von dem Schock erholt, seinen Lehrer erhängt im Keller zu finden.

Zwischenbemerkung

Natürlich will das keiner, dass ein Lehrer zu solch einer Tat getrieben wird — und das auch noch auf Kosten seiner Schüler. Nein, das kann man sich wohl beim besten Willen nicht vorstellen.

Aber es ist gar nicht so klar, dass er sich aufgeknüpft hat — der Müller zwo. Beim genauen Hinschauen stellen wir fest, es kann auch ein fürchterlicher Alptraum sein, die Angst und hilflose Wut, die ihn gefangen hält. Und das ist durchaus vorstellbar.

Vielleicht ist es eine ganz gute Einrichtung, dass wir solche Dinge eher träumen als tun - auch wenn solche Träume alles andere als angenehm sind.

12. Jesus stirbt am Kreuz

Sprachlos

Marc legt das Telefon zur Seite. Seine Schwester hat angerufen; dem Vater ginge es nicht gut.

Er hat ein wenig ein schlechtes Gewissen, denn er weiß, dass wieder einmal ein Besuch fällig wäre, aber er spürt kein Bedürfnis danach. Auch mit seiner Schwester – eigentlich Halbschwester – verbindet ihn nichts. Zwar sind sie etwa gleich alt, aber sie hatte eine andere Mutter. Nach ihrer Geburt trennten sich seine Eltern endgültig. Einen Vater hatte er erst wieder mit Rudi – bis der vor zweieinhalb Jahren bei einem Unfall ums Leben kam ... und ein Jahr später die Mutter.
Wenn er an seinen Vater denkt, ist es Rudi, der ihm in den Sinn kommt und der ihm fehlt. Der unerwartete und sinnlose Tod der beiden war eine schwere Zeit. Hier hätte er Familie gebraucht, aber von Rudis Familie kam nichts; da standen die Streitigkeiten wegen des Erbes noch zwischen ihnen. Der Vater half ihm wenigstens bei den Formalitäten mit der Beerdigung der Mutter und mit etwas Unterhalt.
Er sehnt sich nach Familie - aber auch die sporadischen Besuche der letzten Monate brachten keine Annäherung.

Marc schiebt die Notizen, an denen er gerade gearbeitet hat, zur Seite. Die Gedanken sind ohnehin unterbrochen und so kann er auch in den Kalender schauen: Verpflichtende Termine gibt es nicht viel, er hat sich die Zeit für die anstehende Hausarbeit freigehalten. Nur am Wochenende ist ein Treffen mit einer Arbeitsgruppe geplant, von der er sich Informationen für sein Thema erhofft und sonst noch das eine oder andere Seminar. Marc greift sich sein Smartphone und wählt die Nummer des Vaters.

„Also, ich habe nichts vor", war die Antwort des Vaters und ja, es gehe ihm einigermaßen, „Du weißt ja, ich werde nicht jünger!"

✪

Donnerstagmorgen zehn Uhr:

Auf der Autobahn stellt Marc die Reportage über künstliche Intelligenz an, die er sich mitgenommen hat. Eigentlich passt der Besuch bei seinem Vater ganz gut; neben der Radiosendung hat er noch weitere Podcasts mitgenommen, von denen er sich aktuelle Informationen für seine Studienarbeit erwartet. Das wollte er sich sowieso anhören, bevor er am Wochenende das Treffen mit den Studienkollegen hat. Ein paar Notizen bei seinem Vater werden sicherlich auch möglich sein. Wirtschaftsinformatik – Marcs Studienfach – ist seinem Vater als Kaufmann und abgebrochenem Betriebswirtschaftler nicht ganz fremd – allerdings beschränken sich dessen Kenntnisse von Informationstechnologie auf das Beantworten von Textnachrichten auf dem Handy. Aber er wird sicherlich Verständnis haben, davon geht Marc aus.

Nach eineinhalb Stunden hält er an einem Rastplatz. Er will noch schnell ein paar Notizen machen und verbindet es mit einem Kaffee.

Zufrieden mit seinen Ergebnissen tippt er eine Nachricht in sein Handy und kündigt seine Ankunft in einer halben

Stunde an. Die prompte Antwort „Bier ist im Kühlschrank"
zeigt ihm, dass der Vater schon wartet.

Beim Hinausgehen zögert er; er wird sich noch zwei Bre-
zeln holen, denn Essen kennt sein Vater beinahe nur in
flüssiger Form. Abends wird er wohl etwas bei seiner
Schwester bekommen; aber bis dahin ...
Er ist froh, dass er bei ihr übernachten kann, denn zu spä-
terer Stunde kann sein Vater durchaus unerträglich werden. Das hat er bereits ein paarmal erlebt und kann darauf gerne verzichten. Es ist nicht so, dass er einem Bier
(oder auch mehreren) abgeneigt wäre; auch die Schwester und der Schwager halten gerne mit. Aber keiner
würde wohl auf die Idee kommen, den Korn aus dem Bier-
glas zu trinken.

Marc schüttelt den Gedanken ab, denn das Thema Alkohol ist auch für ihn nicht ganz unproblematisch. Aber er
kommt mit seiner Arbeit voran und zwei Tage das Studium mit einem gemütlichen Bierchen hinter sich zu lassen tut auch gut.
Ja, eigentlich freut er sich.

Am Morgen des nächsten Tages:

Die Sonne scheint durchs Fenster und Marc reibt sich ver-
schlafen die Augen. Etwas desorientiert schaut er sich
um, bis er das Zimmer einordnen kann: er liegt im Gäste-
zimmer seiner Schwester.

Im Haus ist es noch still und so lässt er den vergangenen Tag Revue passieren:

Bei aller Harmonie, die er gestern spürte (eigentlich überrascht ihn der Gedanke), blieb der Tag doch irgendwie an der Oberfläche. Mit seinem Vater hatte er über seine Hausarbeit und das Studium gesprochen und die Notizen zu den Podcasts vervollständigt. Natürlich stand im Vordergrund, was der Vater alles anders machen würde; das hatte er auch nicht anders erwartet. Aber was war sonst?

Er kann kaum sagen, über was sie noch sprachen; nur einzelne Themen fallen ihm ein: die Soaps, die ständig im Fernsehen liefen (bis Marc ihn abschaltete), Ernährung und Bewegung (das Thema hatte Marc angesprochen) und ein beständiges Abtasten ...
Am Spätnachmittag ist tatsächlich sowas wie Familie zu spüren: Seine Schwester kommt völlig überraschend und verkündet die Umbaupläne. Marc fühlt sich etwas geehrt, dass sie die Nachricht bis zu seinem Besuch zurückgehalten hat. Sein Schwager hat ein kleines Häuschen in der Nachbarschaft mit in die Beziehung gebracht und jetzt wollen sie es nach ihren Wünschen umgestalten.
Auch der Vater wusste es noch nicht. Wenn das kein Grund zum Feiern ist – aber eigentlich braucht der Vater selten einen Grund zum Trinken.

Etwas später – im Haus seiner Schwester – wurde alles ein wenig konkreter. Nach dem Essen zeigte ihm sein Schwager die ersten Skizzen, und gemeinsam bauten sie im Geiste das Häuschen um.

✪

Von der Kaffeemaschine und dem Geklapper der Tassen wird Marc aus seinen Gedanken gerissen. Schnell steht er auf und fünfzehn Minuten später sitzt er mit seiner Schwester am Tisch.

Schon nach dem ersten Kaffee kommen sie auf die Gesundheit des Vaters zu sprechen.

„Ich hatte das Gefühl, es geht ihm ganz gut – oder wenigstens nicht schlechter als sonst!?"

„Gestern ja, aber es sind immer wieder so Attacken – und sie werden heftiger und die Abstände kürzer!" Die Schwester erzählt vom letzten Arztbesuch: „‚Wenn ein Auto ständig Vollgas gefahren wird, geht's irgendwann kaputt – und wenn du schlechten Sprit nimmst, geht's noch schneller', meinte der Arzt!"

„Ich werde versuchen das Thema nachher anzusprechen", verspricht Marc. „Meinst Du, um zehn ist er schon fit?" Er hat versprochen, ein paar Brötchen mitzubringen und gemeinsam mit ihm zu frühstücken.

Punkt 10 Uhr läutet er mit einer Tüte frisch duftender Brötchen in der Hand – und tatsächlich ist der Tisch gedeckt: Marmelade, Honig, Käse, Wurst und Kaffee – alles da; sogar an Orangensaft hat der Vater gedacht. Überrascht packt Marc die Brötchen in den Korb und genießt die ungewohnte Zweisamkeit. „Vielleicht sollten wir das öfters machen!"

In der Nacht hat der Vater wohl noch ein altes Fachbuch herausgekramt. „Das würde sich wohl noch als historisches Zeugnis eignen", lachen sie beide.

Die Stimmung ist gelöst und entspannt und irgendwann berichtet der Vater auch von seinen Beschwerden: Atemnot, Herzbeschwerden, Übelkeit, und es kommt und geht. Die Ärzte verweisen auf die Umstände, sein Alter und so weiter.
… und der Lebenswandel, fügt Marc im Geiste dazu.

Irgendwann – es ist bereits nach zwölf – wird Marc unruhig. „Ich habe noch eine Veranstaltung, heute Abend um sechs, ich muss dann langsam los!" Er belegt sich noch ein Brötchen und packt das Buch ein.
„Schick mir doch die Hausarbeit, wenn Du soweit bist", bittet der Vater, „das interessiert mich."
„Ja okay, aber es dauert noch", Marc zögert „mindestens noch vier Wochen. Ich kann Dir aber das Konzept schicken und Du schaust es durch; vielleicht fällt Dir noch was ein."

✪

Zehn Minuten später ist er bereits beinahe auf der Autobahn.
Das Gespräch mit seiner Schwester geht ihm nicht aus dem Sinn. Am Morgen hatten sie noch über den Gesundheitszustand des Vaters gesprochen; sie mache sich ernstliche Sorgen. Immer öfters brauche er Hilfe, mit dem Haushalt sei er wohl völlig überfordert und aus dem Haus

gehe er überhaupt nicht mehr. Den Einkauf mache sie und mehrmals die Woche komme eine Haushaltshilfe.

Marc spürt, dass ihn das seltsam kalt lässt, aber das hat er ihr nicht gesagt. Die Distanz zwischen ihnen – und vor allem zum Vater - scheint eher größer zu werden. Wenn er dort ist, kommt es ihm vor, als würde er beständig belauert: er sagt etwas, äußert eine Meinung oder beurteilt einen Sachverhalt und der Vater scheint nur darauf zu warten um zu widersprechen oder Gegenposition zu beziehen. Es kommt ihm vor, wie ein Spiel, bei dem man sich den Ball gegenseitig zuspielt. Er spürt aber auch, dass in dem Spiel die Distanz wohl nie überwunden wird.
Manchmal scheint es ihm, dass der Vater nur auf eine Gelegenheit wartet, um auf seine eigene Vollkommenheit (und Allwissenheit?) und Marcs Bedürftigkeit zu verweisen - der eigenen Überlegenheit die Fehlerhaftigkeit des anderen gegenüberzustellen. Und dann wieder diese Momente der Vertrautheit ... es ist ein Spiel des beständigen Belauerns.
Und dieses Spiel bleibt wohl offensichtlich ihm vorbehalten; der Vater spielt es wohl nur mit ihm – oder bildet er sich das nur ein ...? Bei der Schwester erlebt er es nicht so.

Er kann sich erinnern, dass ihm früher diese Gefechte immer Spaß gemacht hatten. Heute sucht er aber keinen Sparring-Partner mehr, sondern einen Vater; und den findet er nicht.

Wenn er ehrlich ist, muss er zugeben, dass er keine Lust mehr hat, sich mit ihm auseinanderzusetzen und eigentlich fühlt er sich dazu auch überhaupt nicht in der Lage: Seit dem Tod der Mutter war er alleine auf sich gestellt und suchte kaum nach Gelegenheit des Austauschs. Seine Studienkollegen sagten, er sei ein Eigenbrötler, eine regelrechter Einsiedler. Aber für ihn geht genau das mehr und mehr in Ordnung; offensichtlich hatte er sich in seiner Einsamkeit gut eingerichtet.

Eigentlich schätzt er den kritischen Blick und den scharfen analytischen Verstand des Vaters – gerade jetzt, wo er mit ihm die Ergebnisse seiner Recherchen diskutiert – aber genauso sehnt er sich nach einer Normalität der Familie, die er so nie erlebt hatte.
Die Distanz wird immer größer. Die verbindenden Streitgespräche und Diskussionen treten mehr und mehr in den Hintergrund und lassen eine Leere zurück, die er nicht überbrücken oder füllen kann und auch nicht will.
Und, wenn man ehrlich ist, scheint auch das Gefühl für globale Wirtschaftsabläufe und gesellschaftliche Verflechtungen für den Vater mehr und mehr verloren zu gehen.

Auch das Letzte, was ihn mit seinem Vater verbindet, löst sich langsam auf.

Einige Wochen später:

Der Gesundheitszustand verschlechtert sich beständig und die Kraft des Vaters schwindet kontinuierlich. Seit zehn Tagen liegt er nur noch im Bett, betreut von der Pflegestation, dem Arzt und seiner Tochter.

In dieser Zeit findet Marc eine dringend klingende Nachricht auf seiner Sprachbox: „Ruf mich bitte umgehend an – am besten auf dem Handy!"
In dem Augenblick weiß er, es ist etwas mit dem Vater.

„Es geht endgültig zu Ende, der Arzt gibt ihm keine vierundzwanzig Stunden mehr", hört er sie bei seinem Rückruf.
„Sollen wir nicht doch einen Priester rufen?"
„Ich denke nein, er will das wohl nicht, er hat auf jeden Fall nicht davon gesprochen – und mit Fragen ist eher schlecht … Aber entscheide Du!"

Wenige Minuten später sitzt er bereits im Auto auf dem Weg zum Vater. Auf der Fahrt ruft er dann doch den Pfarrer an und schildert die Situation.
„Ja, ich mach mich gleich auf den Weg – und ich weiß auch wo der Schlüssel liegt." Erklärend fügt er noch hinzu, „ ich war vor Kurzem bei ihm."

Der Pfarrer ist bereits fort, als Marc nach etwa zweiein-halb Stunden das Haus betritt. Mit einem „Hallo" macht er sich bemerkbar, bekommt aber keine Antwort.
Im Schlafzimmer findet er den Vater. Er liegt still da mit offenem Mund; er sieht beinahe friedlich aus in seinem Bett.
Marc ahnt, dass es zu spät ist. Weder Atmung noch Puls sind zu spüren.

Ja, der Vater ist tot – sein Vater fügt er in Gedanken noch dazu, wohl zum ersten Mal. Dessen Hand zwischen den eigenen sitzt Marc ein paar Minuten still da.

Irgendwann wählt er die Nummer der Schwester.

Als sie den Raum betritt, steht er bereits auf dem Balkon. Er will ihr Zeit lassen, so wie auch er die Zeit hatte und es war ja immerhin auch ihr Vater – vielleicht mehr als sei-ner.

Hinter sich hört er die Balkontüre. Etwas unsicher schauen sie sich einen Moment an und nehmen sich in den Arm – das erste Mal.
Nach einer gefühlten Ewigkeit greift sie in ihre Tasche „Zi-garette?", und still rauchen sie gemeinsam. Auch das war das erste Mal, denn Marc raucht tatsächlich nur gelegent-lich. Erst dann rufen sie den Arzt.

Einige Tage später in der Kirche - die Schwester, der Schwager und Marc:
Die kleine Feier ist beinahe zu Ende. Viele waren nicht gekommen. Nach der kurzen Ansprache verweist der Pfarrer auf den ausdrücklichen Wunsch des Verstorbenen: Er wolle, dass ein bestimmtes Lied gespielt wird. Es sei seine ausdrückliche Bitte gewesen.
Noch während der ersten Takte von der Orgel schauen sich die drei etwas ratlos an …

Gebt auf Eure Liebe acht
seht immer wieder im Herzen nach
dass kein einziges Gefühl dort still verdorrt
Seid einseliger Akkord, immerfort, immerfort

Legt nach, lebt Euch Tag für Tag
Legt nach, lebt Euch jeden Tag

Was immer Euch die Zeit zuweht
Steht zusammen, bis der Sturm sich legt
Seid einander ein sanftester Hort
Seid einseliger Akkord, immerfort, immerfort

Auszug aus „Immerfort"
von Herbert Grönemeyer

13. Jesus wird vom Kreuz abgenommen und in den Schoß seiner Mutter gelegt

Warum?

Christine zog Jacke und Schuhe an. Sie war auf dem Weg zum Friedhof.

Die nächste Stunde war ihr sehr wichtig. Es war das Einzige, was ihr von Lars nach dessen sinnlosem Tod geblieben war. Es war alles, was sie noch tun konnte.

Wie immer setzte sie sich auf die Bank gegenüber seines Grabes.

Warum?
Wie oft habe ich mich das schon gefragt – und wie oft werde ich es noch tun? Aber niemand wird mir meinen Jungen zurückgeben. Ich weiß nicht mal, ob es Absicht war oder ein Unfall ...
Wie konnte es passieren, dass all das an mir vorbei ging – aber das stimmt ja gar nicht: Es ging nicht einfach vorbei; ich habe sehr wohl etwas gemerkt – oder hätte es merken müssen. Warum aber habe ich nichts getan oder wenigstens anders reagiert, klarer, deutlicher ... zu irgendeinem Zeitpunkt ...?

Früher war er ein ganz normaler kleiner Junge, der seinen Opa abgöttisch liebte. Als der Opa starb, war er untröstlich – ich kann mich noch gut erinnern. Wir fanden das rührend, beinahe niedlich.
Er kam darüber hinweg - und wir wendeten uns Wichtigerem zu.

Nach dem beruflichen Wechsel von Gert sollte es für uns alle einen neuen Anfang geben. Bis heute finde ich, es war der richtige Zeitpunkt: der Umzug passend zur Einschulung.

Warum er trotzdem keine Freunde fand, keinen Anschluss, bleibt mir bis heute rätselhaft. Gert und ich fühlten uns schnell wohl in dem kleinen Dorf, aber für die Kinder unserer Nachbarn oder unserer neuen Bekannten zeigte Lars keinerlei Interesse. Und was er selbst an Spielkameraden anbrachte, war wirklich nicht akzeptabel.

Heute klingt das komisch. Hätte ich schon da mehr auf seine Bedürfnisse hören sollen?

Auch im Gymnasium wurde es kaum besser; Lars wollte eigentlich lieber auf die Realschule, zu seinen Kumpels von der Blasmusik. Er tat sich noch immer etwas schwer Freundschaften aufzubauen. Aber er sollte die Chance bekommen, die uns verweigert wurde – und auch die Lehrer sahen das so. Also Gymnasium! Ich glaube, wir haben ihn nicht einmal gefragt ...

Die Blasmusik trat bald etwas in den Hintergrund. Da war er fünfzehn und hatte wohl andere Interessen. Natürlich akzeptierten wir das und trugen es mit Fassung. Erwärmen konnten wir uns für diese Musik sowieso nie.

Es dümpelte noch etwas nach, was blieb waren vor allem die Feste und hin und wieder auch die Übungsabende.

Vielleicht hätten wir damals konsequenter sein müssen – schon bei der ersten Zigarette und dem ersten Schluck Alkohol – beides viel zu früh ... aber in der Dorfmusik wird vieles verziehen ... und wenn du dazugehören willst ...

Heute denke ich, wir waren auch zu feige: Gert hat sich selbst gerne dazu gesetzt, und ich rauche bis heute. Lars hat das wohl als Einverständnis verstanden. Durch ihn wurden wir auch zu einem Teil der Dorfgemeinschaft ... und wir waren stolz drauf ... und dieses Gefühl willst du nicht einfach so zerstören. Das war doch auch Teil unserer Beziehung zu ihm.

Damals schien es noch soweit in Ordnung zu sein ... oder kam es uns nur so vor?

Erst der Lehrer merkte, dass etwas nicht stimmte - als das Fehlen in der Schule anfing und die Leistungen abrutschten ... Da war er gerade siebzehn.
Wir fanden keine Erklärungen dafür – oder hätten wir nur gründlicher suchen müssen? Die Lehrstelle als Mechaniker bei einem Musikerkollegen war die Lösung, und die Welt stimmte wieder.
Wenn wir darauf bestanden hätten, dass er Abitur macht, wäre es dann anders gelaufen – oder wenn er die Schule gewechselt hätte - oder - vielleicht auch nicht ...???
Andererseits waren wir auch ganz froh über die Lehrstelle: Es wurde viel geredet im Zusammenhang mit dem Gymnasium wegen Drogen. Und seinen Hang zum Rausch kannten wir ja. Heute würde ich vielleicht sagen: seine Flucht in den Rausch?

Wann war es, dass er uns endgültig entglitt? Hat sich da wirklich nichts abgezeichnet – oder haben wir nur die Augen zugemacht – in der Schule - oder etwas später, als er die Probleme in der Ausbildung bekam? Heute wundert es mich nicht, dass seine Schwänzerei in der Berufsschule weiterging. Und wie es dort mit Drogen aussah, wollte ich gar nicht wissen – und heute ist es zu spät.

Lars gab mir für den Ärger, der folgte, die Schuld – weil ich seine Fehlzeiten nicht mehr deckte – er war ja noch keine achtzehn ... Letztlich hat ihn sein Meister gerettet. Wir fanden das nicht ganz o.k., aber schlussendlich hat er die Prüfungen ordentlich abgeschlossen und für uns war die Welt wieder im Lot.

Oder auch nicht, denn ich fragte mich immer öfters: Ist das tatsächlich mein Junge?

Der große Riss kam kurz darauf: In der Zeit hörte er viel Musik! Er lag stundenlang auf dem Bett und hörte einfach nur Musik. Von Zeit zu Zeit ging er raus, spazieren, immer alleine; es war unmöglich an ihn ran zu kommen. Den Führerschein bezahlten wir, aber unser Auto verweigerten wir ihm. War das wirklich so klug?

Er fand es lächerlich – nur wegen ein bisschen Gras – und außerdem – so war er überzeugt – fahre er bekifft noch besser als andere nüchtern.

Vielleicht hätten wir den Führerschein überhaupt nicht bezahlen sollen, nachdem er alle seine Konten und Sparbücher leergeräumt hatte! Wofür er das Geld gebraucht hat, darf man raten ... Er sagte dazu nichts; da war sie wieder, seine Verschlossenheit. Und offensichtlich hatten wir da einiges verpasst.

Auch als sein Meister mal zum Gespräch kam und komische Andeutungen machte – von Drogen und so, gerade *bei den Jüngeren im Verein und auch in der Berufsschule - reagierten wir nicht. Denn immerhin trug auch er einen gewissen Anteil an Lars' Unregelmäßigkeiten in der Berufsschule und an den durchzechten Nächten. Denn die Übungsabende waren sicher eine willkommener Grund für die Kneipe – und die Veranstaltungen waren dann der Ernstfall.*

Ich habe das beinahe persönlich genommen: seine Verschlossenheit uns gegenüber, wie er sich abkapselte und – nicht nur uns - auf Distanz hielt. Und dann die überfüllte Kneipe und das Dorffest, wo du nur noch einer von vielen bist. Das mit den Drogen haben wir verdrängt.

Hätten wir den Kampf aufnehmen sollen, sein Umfeld ändern, ihn aus der Lehre nehmen, den Musikverein sperren, reglementieren, was hätten wir überhaupt tun können und wo ansetzen? An Lars dem Partylöwen oder am Einsiedler; er wurde uns mehr und mehr fremd, und wenn man mich nach seinen Interessen gefragt hätte, ich hätte nichts zu sagen gewusst.

Nach der Ausbildung bekam er eine gutbezahlte Stelle in der Montage. Er nahm sich eine eigene Wohnung. Ich bin ehrlich: Für uns war das eine Erleichterung. Aber er verbat sich auch jede Einmischung. Das tat weh. Wir nannten das Erwachsen-werden. Und ich denke, das stimmt, aber es war auch der Anfang vom Ende.
Lars war beruflich viel im Ausland, über Wochen und Monate auf Baustellen, untergebracht in Baracken. Und sein Leben geriet immer mehr außer Kontrolle: Er wechselte

die Arbeitsstellen, ließ sich auch äußerlich gehen, verwahrloste beinahe, dann hatte er plötzlich wieder Geld, sogar eine Freundin ... bis zum nächsten Absturz. Dazwischen immer wieder Zeiten der Arbeitslosigkeit; wir wissen bis heute nicht wie er das finanziert hat.
Er geriet immer mehr ins Trudeln und verlor jeglichen Halt. Auch der Kontakt zu uns bestand nur noch von unserer Seite. Und sein Drogenkonsum war jetzt offensichtlich – auch für uns!
Und wie haben wir reagiert?
Haben wir überhaupt reagiert?
Letztlich war er doch alleine, so wie er auch starb ...

Ich werde wohl nie erfahren, ob es Suizid war oder ein Unfall. Er hatte einen ganzen Drogencocktail geschluckt und viel Alkohol ...
Warum?

Christine wurde durch das Vibrieren ihres Handys aus ihren Gedanken gerissen. Seit einiger Zeit schöpfte sie viel Kraft aus einer Lebenshilfe-App. Und die meldete sich auch jetzt:

Belehrungen,
die uns morgen Antwort geben,
auf Fragen, die wir heute stellen,
taugen nicht als Ratgeber.
Tatsächlich bleiben nur
die Überraschungen der Gegenwart,
um dann das zu tun,
was uns jetzt weniger falsch erscheint.

14. Der Heilige Leichnam Jesu wird in das Grab gelegt

Auf Wiedersehen

Bernd kannte den Pfarrer ganz gut und wie die meisten wusste auch er, wie wichtig dem Geistlichen sein Hund geworden war, der ihn schon lange Zeit begleitete. Allerdings war - aufgrund von Alter und Krankheit - in absehbarer Zeit mit dessen Tod zu rechnen. Auch das wusste Bernd.

Einmal suchte er eben diesen Pfarrer in einer privaten Sache auf. Bevor er aber sein Anliegen vorbringen konnte, erklärte sein Gegenüber, dass er erst den Hund in die Küche bringen müsse, denn dieser sei auf seine alten Tage etwas wunderlich geworden.
Als sie dann nach wenigen Minuten wieder beisammen saßen, fragte Bernd seinen Gastgeber halb im Spaß und halb im Ernst, ob der Hund wohl auch in den Himmel käme oder wie es sich mit ihm verhalte. Der Pfarrer sah ihn beinahe verständnislos an, schüttelte den Kopf (als würde sich ihm diese Frage nie stellen) und sagte: „Wir werden alles wiedersehen, das wir lieben!"

Die tiefe Überzeugung, die Klarheit und Ernsthaftigkeit des Geistlichen ließen absolut keinerlei Zweifel aufkommen: Wir werden uns wiedersehen.

Und jetzt?

Eine Buchstabierübung

Abgeben, aufschreiben, ablassen, achten

Belassen

Chillen

Demut

Entschuldigen, erlassen

Friede

Gewesenes loslassen

Hinter sich lassen,

In Ordnung bringen

Ja-sagen zur Schuld

Keine Ausflüchte

Loslassen

Meiden, vermeiden

Neu beginnen

Ordnung schaffen

Prioritäten setzen

Quatschen, miteinander reden

Ruhe

Selbstbesinnung

Tragen, ertragen

Umorientieren

Verzeihen

Wiedergutmachung

Zulassen, zugeben

Dank

Mein Dank geht an Viele, trotzdem möchte ich jetzt keine Namen aufzählen. Mit einer Ausnahme: Ganz besonders möchte ich meiner Frau danken, die alle Texte in mehreren Fassungen gelesen und intensiv mit mir diskutiert hat. Erst durch ihre wertvolle Kritik konnte das Buch entstehen. Ihre Hilfe und ihr Beistand (nicht nur) in dieser Zeit waren unersetzlich, die Auseinandersetzungen mit dem Thema waren wertvoll in vielerlei Hinsicht.

Nachbemerkung zum Umgang mit dem Buch

„Facetten der Schuld" ist vielleicht das bedrückendste Buch der inzwischen neunbändigen Reihe **„Mit Bibel überLeben"**. Dies wird durch die Alltäglichkeit der Episoden noch verschärft. Allerdings geht es bei dem Thema Kreuzweg und Schuld wohl nicht ohne Erschütterung ... Aber wo bleiben wir dann mit unserem Leiden?

Im Hinblick auf die Texte gibt es zwei Herangehensweisen:
Jede Handlung hat Voraussetzungen in der Situation und den Beteiligten. Gleichgültig, ob überlegt oder leichtfertig gehandelt wird: Das Handeln hat in diesem Augenblick Gründe und ist unumkehrbar. Dies zu akzeptieren, ist vielleicht der erste Schritt.
Wo aber bleibt dann die Schuld?
Es gibt Menschen, die schuldlos Leiden ertragen. Einer davon war Jesus, der konsequent und bis zum Schluss diesen Weg gegangen ist. Er hat letztlich getragen und ertragen was andere verursacht hatten. Dieses Wissen - dass er das Versagen und die Schuld von Menschen auf sich nahm - kann tröstlich sein. Auf jeden Fall dürfen wir unser Versagen ihm gegenüber mit der Hoffnung auf Verständnis aussprechen.

Grundsätzliche methodische Anmerkungen

Sicher ist es bei diesem Thema problematisch, pädagogische Anweisungen zu geben oder das Ganze in ein didaktisches Konzept bringen zu wollen. Ob und wie die Thematik individuell oder in einer Gruppe aufgegriffen wird, ist in erster Linie der jeweiligen Situation geschuldet und erfordert grundsätzliche Offenheit und Sensibilität; lehrerhaftes (oder gar oberlehrerhaftes) Verhalten ist hier fehl am Platz.

Trotzdem möchte ich einige Bemerkungen vorausschicken.

Als Religionslehrer bin ich es gewohnt, meinen Schülern in Meditationen Fragen anzubieten, die ihnen beim Umgang mit den Texten helfen können. Sie – als Leser oder Leserin - sind nicht meine Schüler und ich stehe nicht vor der Klasse, aber trotzdem möchte ich Ihnen einige Fragen und methodische Hinweise zur Verfügung stellen, die Ihnen helfen mögen, die Texte zu erschließen.

Es ist nicht so wichtig, ob ich mit meinen Hilfestellungen richtig liege oder nicht, aber es ist durchaus bedeutsam, zu erkennen, welche Fragen bei der meditativen Beschäftigung mit den Inhalten uns treffen und welche nicht.

- Lassen Sie sich Zeit!
- Was sagt mir der Text?
- Was hat er mit mir zu tun?
- Welcher Teil des Textes tut mir gut?
- Wo spüre ich Widerstand?
- Was ärgert mich am Text?
- Wo ist er „daneben" und wie wäre er „richtiger"?

Es geht nicht um „Beichte" oder schonungslose Offenbarung der eigenen Person. Dies bedeutet gerade für das Arbeiten in Gruppen:

- Respektierung des Schweigens
- Akzeptanz der Privatsphäre
- Wie viel will/kann ich mitteilen (und wem)?
- Wie gehe ich mit dem um, was ich lieber für mich behalte?

Stichwortverzeichnis

Zur Reihe „Mit Bibel überLeben"

In der Reihe „Mit Bibel überLeben" („Facetten der Schuld" ist die letzte von bisher neun Bänden) können neue Wege eines meditativen Umgangs mit der Bibel und ihrer zeitlosen Wahrheit entdeckt werden. Sie stellt immer wieder die Frage: Was können diese alten Texte dem rationalen Menschen der Gegenwart sagen und wie können sie uns beistehen?

Die Konzentration auf einzelne bekannte oder weniger bekannte Bibelstellen, bzw. Themenbereiche, erleichtert es dem Leser, den Inhalt zu erschließen. Die Geschichten, Gebete, Prosagedichte, meditativen Texte und Auslegungen entfalten eine große Breite an aktueller und erlebter Spiritualität. Teilweise werden biblische Elemente aufgegriffen, teilweise werden die Motive in die heutige Zeit übertragen – aber immer ist der Mensch, als Hörer des Wortes, mit seinem unmittelbaren Leben und Erleben der Ausgangspunkt.

Die Texte geben Anregungen in der persönlichen Auseinandersetzung mit Fragen, die das Leben aufgibt, ebenso in der Predigt- und Gottesdienstvorbereitung; sie eignen sich aber genauso zum Einsatz im Unterricht und in der Erwachsenenbildung, wie auch zum "Text-teilen".

Die ersten fünf Bände erschienen zuerst ausschließlich als E-Books mit reichhaltiger Bebilderung als Angebote zur Besinnung und Meditation; etwas später wurden die Texte der ersten fünf Bände (ohne Bilder) in der „Textsammlung" zusammengefasst.

Die Reihe „Mit Bibel überLeben" versucht, (scheinbar) unlösbare Rätsel und Fragen zur Bibel aufzugreifen und auf Antworten zu hören, die sich in der Meditation erschließen können.

Der verlorene Sohn oder eine Geschichte von Verlust und Neubeginn

Ausgehend vom Bibeltext Lk 15,11-32 wird das Gleichnis in die Realität des 21. Jahrhunderts hineingestellt. Die Erzählung thematisiert das Scheitern der eigenen Existenz und die schmerzhafte Suche nach Heilung, ebenso wie Generationenkonflikt und Rivalität zwischen Geschwistern. Dabei wird, anders als in der biblischen Vorlage, ein besonderes Augenmerk auf die Begegnung der Brüder gelegt.

In den Texten werden die Facetten des modernen Lebens ausgebreitet, aber genauso die Innerlichkeit von Verzeihung und Neubeginn. Sie zeigen die ungebrochene Aktualität des 2000 Jahre alten Gleichnisses und bieten eine neue Leseweise an, die sich gerade in der Reflexion vor dem Hintergrund der Moderne sowie der eigenen Erfahrung niederschlägt und ermöglichen so die Chance der Selbstreflexion und der kritischen Überprüfung der eigenen Lebenspraxis.

BoD, E-Short, ca. 53 Seiten, 19 Bilder, ISBN: 9783744897495

Mord, Totschlag und Folter in der Bibel – die dunkle Seite des Menschen

Der Brudermord Kains an Abel (Gen 4,1-16), die ordinäre Selbstinszenierung eines zutiefst gewalttätigen Menschen im Lamechlied (Gen 4,23f) und eine minutiös geschilderte Folterszene im 2. Makkabäerbuch (2.Mak 7) – die Bibel spart nicht an Darstellungen dieser dunklen und beängstigenden Seite des Menschen.

In sechs meditativen Texten versucht der Autor eine vorsichtige Annäherung an das Phänomen der Gewalt. Dabei sieht er den heutigen Menschen als Adressaten der Bibelworte und stellt die Frage, wieviel von Kain, Lamech oder den Folterknechten in uns steckt, wie wir damit umgehen und was die Texte uns zu sagen haben. Er nimmt neben der individuellen Verantwortung auch gesellschaftliche Ursachen in den Blick.

Andreas Sperling-Pieler versucht, Platz für Fragen im inneren Chaos zu schaffen, welches die Wahrnehmung von Gewalt in uns hinterlässt. Für ihn ist es gerade der Blick auf menschliche Erfahrungen wie Verzweiflung und den fehlenden Halt, die den Weg zu mehr Klarheit öffnen können.

BoD, E-Short, ca. 43 Seiten, 10 Bilder, ISBN: 9783744897631

Der **Adventskalender für Erwachsene** wendet sich ausdrücklich auch an Menschen, die der Kirche und dem Glauben kritisch, ablehnend oder indifferent gegenüber stehen. Er bietet gerade in der besinnlichen Adventszeit Gelegenheit zur Selbstreflexion und zu einem Blick auf die eigene Lebenspraxis.

In 31 Episoden wird für jeden Tag im Dezember in einer freien Neuerzählung die gesamte Weihnachtsgeschichte abgebildet. Jede der einzelnen Stationen ist mit Impulsen zur individuellen Weiterarbeit ergänzt; im E-Book laden Abbildungen zu Ruhe und Meditation ein.

Andreas Sperling-Pieler setzt biblische und historische Fakten in einen neuen Rahmen und fragt nach der Relevanz für den heutigen Menschen in seinem gesellschaftlichen und individuellen Sein, gerade auch unabhängig von traditionellen religiösen Zusammenhängen. Die kurzen meditativen Impulse sind ein Angebot zur individuellen Reflexion über Facetten unseres Lebens und unseres Mensch-Seins.

BoD, E-Short, ca. 51 Seiten, 31 Bilder, ISBN: 9783744899864

Mysterien der Bibel: Verklärung, Kreuzigung und Auferstehung

„Das war wirklich ein gerechter Mensch", so hören wir in Lk 23,47 den römischen Hauptmann am Kreuze Jesu.

Welchen Sinn machen diese Worte der Heiligen Schrift von jemandem, der nicht nur politisch, sondern wohl auch religiös auf einer völlig anderen Seite stand? Was kann uns diese Episode mit dem krassen Außenseiter im frühchristlichen Umfeld sagen? Und was hat das mit Schuld zu tun? Gibt es da auch für uns Heutige, die wir oft genug den religiösen Mysterien doch eher kritisch gegenüberstehen, etwas zu lernen?

Die Kreuzigung wird aus der Sicht des römischen Hauptmanns neu erzählt. Der Focus wird dabei auf die Frage der Schuld gelegt.

Daneben werden auch die Transzendenz der Verklärung in der Markus-Apokalypse (Mk 9,2-10) und die nachösterliche Auferstehungserfahrung betrachtet.

Andreas Sperling-Pieler wählt dazu unterschiedliche Perspektiven und Stilmittel. Er will mit seinen Texten den Blick für Antworten öffnen, die uns in der Spiritualität gegeben werden können.

BoD, E-Short, ca. 51 Seiten, 17 Bilder, ISBN: 9783746064895

Über Lähmung und Erstarrung – von Flucht und Rettung thematisiert existentielle Krisenerfahrungen aus völlig unterschiedlichen Blickwinkeln. In 12 Texten betrachtet Andreas Sperling-Pieler Verwerfungen, die uns, sowohl im Kleinen als auch im Großen, ereilen können.

Die Texte, Geschichten, Auslegungen und Gebete thematisieren Gegebenheiten, die uns alle mehr oder weniger stark betreffen: Es geht um Menschen, die gegen sich selbst kämpfen und an sich, bzw. an der Situation, in die sie sich gestellt sehen, verzweifeln und um Wege ringen. Dabei lässt der Autor einzelne Bibelstellen immer wieder durchscheinen und bietet mögliche Deutungen, auch – oder gerade – für uns heute, behutsam an.

„Über Lähmung und Erstarrung – von Flucht und Rettung" ist geschrieben für alle Menschen in Krisen und für deren Umfeld (das oftmals genauso leidet). Es kann Chancen für einen neuen Blick auf Lebensvollzüge bieten und überraschende Perspektiven aufzeigen.

BoD, E-Short, ca. 100 Seiten, 53 Bilder, ISBN: 9783752812138

Textsammlung

In der Textsammlung sind die Texte der ersten fünf E-Shorts in gedruckter Form (ohne Bilder) zusammen gefasst.

Sie eignet sich gerade für Erwachsenenbildung, Schule oder Jugendarbeit als reichhaltiger Fundus an Texten und Themen. Dies trifft genauso auf die Gemeindearbeit, sowie die Vorbereitung für Katechese und Predigt zu.

BoD, Paperback, 248 Seiten, ISBN-print: 9783752805857
ISBN-E-Book: 9783752871104

Wie kommt das Kamel durch's Nadelöhr

Es gibt sie, die deutlichen Worte, klaren Aussagen und wachrüt-

telnden Botschaften in der Bibel. Sie ist beileibe kein Märchen-
buch mit frommen Geschichten, sondern fordert eindeutiges
Handeln von uns und bietet in kritischen Situationen durchaus
Hilfen an, auch zur Reflexion.

In den 13 Bibelstellen des Buches, ausgewählt aus dem Alten
und Neuen Testament, werden wir mit Machtmissbrauch in vielerlei Hinsicht konfrontiert. Die Texte, die daraus entstehen,
haben dabei immer den Unterdrückten, Rechtlosen und Unter-
privilegierten sowie den Menschen in seiner inneren Zerrissen-
heit im Blick. Allerdings schrecken uns die biblischen Maximal-
forderungen oft ab und die zum Teil radikalen Positionen er-
scheinen lebensfremd und unrealistisch.
In verschiedenen Ansätzen, auf ganz unterschiedliche Weise,
bietet der Autor neue Sichtweisen und neue Blickwinkel an und
möchte so einen Beitrag zur Neuentdeckung der Heiligen
Schrift leisten.

BoD, Paperback und E-Book, 188 Seiten, mit Bibelstellen- und
Stichwortverzeichnis der ersten sieben Bände
ISBN: 9783750426856

Stress

Der Autor verknüpft die Psychologie des Stressphänomens mit
biblischen Texten und versucht so Unterstützung und Hilfe im
Verständnis alltäglicher Anforderungen bis hin zum Burnout zu
leisten und neue Wege im Umgang mit dem Thema anzubieten.
In 19 Schritten wird die Entstehung von Stress und die Auswir-
kung auf den Menschen aufgezeigt. Die Grafiken verhelfen -
auch ohne Vorkenntnisse - zu wertvollen Einblicken. Mit den Zi-
taten aus der Bibel und meditativen Texten wird der Inhalt zu-
sätzlich aufbereitet und erschlossen. Dabei geht es um zentrale
Fragen, wie z.B.: Was ist es überhaupt, was mich belastet? Was

ist stressig (für mich)? Was macht der Stress mit meinem Leben und was mache ich mit dem Stress?

Die Reihe „Mit Bibel überLeben" richtet sich an die breite Öffentlichkeit – unabhängig von religiöser Verortung.

BoD, Paperback, 160 Seiten, mit Stichwortverzeichnis
ISBN: 9783752641103

VORANKÜNDIGUNG –
ERSCHEINUNGSTERMIN VORAUSSICHTLICH ANFANG 2022:

Unter der Oberfläche - Geschichten zur Bibel

„Unter der Oberfläche" wagt einen neuen Blick auf die alten Texte der Bibel. Die Geschichten und Erzähltexte des vorliegenden Bandes haben den Menschen mit all seinen Krisen und Verwerfungen im Blick - als Individuum und als gesellschaftliches Wesen. Dabei erhalten die Bibeltexte eine neue Sprache und Aktualität.
Das Buch eignet sich einfach nur zum Lesen, als Einstieg im Unterricht und in der Gruppenarbeit oder für die Predigt- und Gottesdienstvorbereitung. Das enthaltene Stichwortverzeichnis erleichtert dabei die thematische Suche bzw. den Umgang mit den Texten.

Zum Autor

Andreas Sperling-Pieler war von 1982 bis 2020 als Religionslehrer an einer Gewerbeschule am Hochrhein beschäftigt.
In seiner Arbeit legte er einen besonderen Fokus auf den Zugang der jungen Erwachsenen zu einer erlebten Innerlichkeit und Spiritualität. Hier versuchte er mit neuen Wegen, seine Schüler zu erreichen und durch vielfältige meditative Methoden Handlungsperspektiven in einer immer unübersichtlicheren Welt zu entwickeln und anzubieten. In den letzten Jahren nutzte er dazu – und auch zur eigenen Reflexion – selbst verfasste Texte, in denen er unter dem Blickwinkel der Bibel Dimensionen des Mensch-seins beleuchtet.

Andreas Sperling-Pieler hat neben dem Studium der Religionspädagogik (FH 1982) Soziale Verhaltenswissenschaften, Politik- und Erziehungswissenschaft (B.A. 2005) studiert, sowie eine Ausbildung zum Meditationsleiter (1997) gemacht. Zwischen 2003 und 2010 beendete er zwei mehrjährige Weiterbildungen zu Beratung und Begleitung.
Er lebt heute mit seiner Frau am Hochrhein, hat zwei erwachsene Kinder und vier Enkelkinder.